AF502239

L'ART
DE
PEINDRE LES FLEURS
À L'AQUARELLE

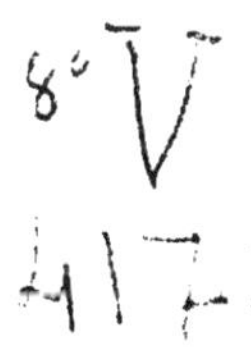

Collection illustrée in-8 à 3 fr.

E. BELVILLE

La Corne et L'Ivoire, 1 vol.
Les procédés faciles de Décoration du Métal, 1 vol.

J. CLOSSET

La Pyrogravure et ses applications, 1 vol.
Le Cuir, 1 vol.

G. FRAIPONT

PROFESSEUR A LA LÉGION D'HONNEUR

Le Dessin à la Plume, 1 vol.
L'Art de prendre un croquis et de l'utiliser, 1 vol.
Le Crayon et ses fantaisies, 1 vol.
Le Fusain, 1 vol.
Eau-forte, Pointe-sèche, Burin, Lithographie, 1 vol.
Manière d'exécuter les dessins pour la photogravure et la gravure sur bois, 1 vol.
L'Art de peindre les Marines à l'aquarelle, 1 vol.
L'Art de peindre les Fleurs à l'aquarelle, 1 vol.
L'Art de peindre les Paysages à l'aquarelle, 1 vol.
L'Art de peindre les Figures à l'aquarelle, 1 vol.
L'Art de peindre les Animaux à l'aquarelle, 1 vol.
L'Art de peindre les Natures mortes à l'aquarelle, 1 vol.

KARL-ROBERT

Précis d'aquarelle, 1 vol.

A. LABITTE

L'Art de l'Enluminure, 1 vol.

L. LIBONIS

Traité pratique de la couleur. Donnant les indications sur le jeu, le mélange, la composition, la solidité, le nom, la nuance des couleurs, etc. 1 vol

L. OTTIN

L'Art de faire un vitrail, 1 vol.

RIS-PAQUOT

Traité pratique de peinture sur faïence et porcelaine, 1 vol.

ROCHET

L'Anatomie artistique. Traité-Atlas, 1 vol.

RUDHARDT

L'Art de la Peinture, 1 vol.

OUVRAGES D'ERNEST HAREUX

Cours complet de peinture à l'huile. 2 vol. in-8 avec 33 fac-similés en couleur, 59 pl. hors-texte et 380 dessins.. **50 fr.**
L'ouvrage comprend sept parties vendues séparément.

Le Paysagiste devant la nature (Fusain, Crayon, Pastel, Aquarelle, Pochade, Huile), 1 vol. avec 55 grav. et 21 pl. en noir et en couleur, en carton... **25 fr.**
Chaque procédé se vend séparément **5 fr.**

Le Mélange des Couleurs enseigné par l'exemple (Vert, Rouge, Jaune, Orange, Violet, Bleu, Blanc) Un album avec texte et 14 planches en couleurs. En carton........................ **18 fr.**
Chaque couleur se vend séparément **2 50**

Traité de Perspective pittoresque. *Trait, Couleur, Relief,* par L. Cloquet, 1 vol. in-8, illustré de 417 gravures et de 4 planches en couleurs .... **30 fr.**
Chaque partie se vend séparément **12 fr.**

Collection petit in-4° illustrée Broch. 7 fr. 50

BELCHER (John). — **Les principes de l'Architecture,** traduit par Fr. Monod, 1 volume avec 75 gravures.

GUERLIN (Henri). — **L'Art enseigné par les Maîtres.** (Ce qu'ont écrit, dit, pensé Artistes et Écrivains sur la technique des Arts).

Le Dessin, 1 vol. 8 **pl.** hors texte.

La Couleur, 1 vol. **8** pl. dont 2 en couleurs.

La Composition, 1 vol. 8 pl. hors texte.

HAREUX (Ernest). — **La Peinture à l'huile en plein air. Leçons dialoguées entre le maître et l'élève.** 1 vol. in-8 illustré de 10 pl. hors texte.

LECOQ DE BOISBAUDRAN (H.) — **L'Éducation de la mémoire pittoresque et la formation de l'Artiste,** précédé d'une notice sur la vie de l'auteur par L.-D. Luard et d'une lettre de Rodin, 1 vol. 15 pl. hors texte.

MORIN (Louis). — **Le Dessin humoristique.** 1 vol. in-8 illustré de 87 gravures.

2855-20. — Corbeil. Imprimerie Crété.

L'ART

DE

PEINDRE LES FLEURS

A L'AQUARELLE

PAR

G. FRAIPONT

PROFESSEUR A LA LÉGION D'HONNEUR

Ouvrage illustré de 50 dessins inédits de l'auteur et d'un fac-similé d'aquarelle.

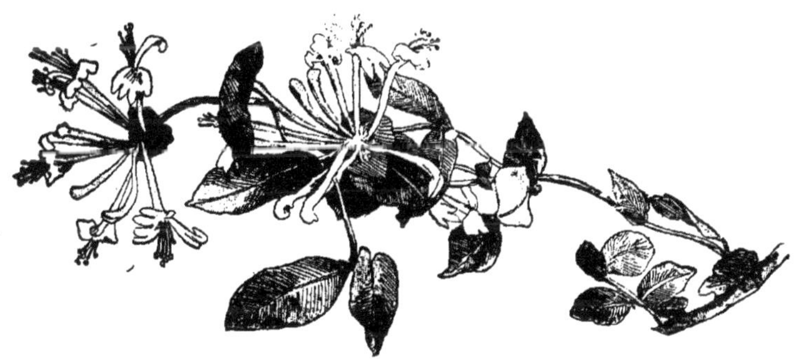

PARIS

LIBRAIRIE RENOUARD

H. LAURENS, ÉDITEUR

6, RUE DE TOURNON, 6

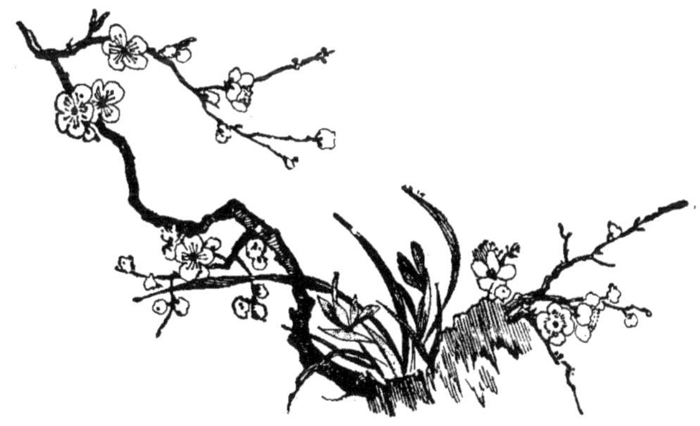

Fleur de pommier (Japon).

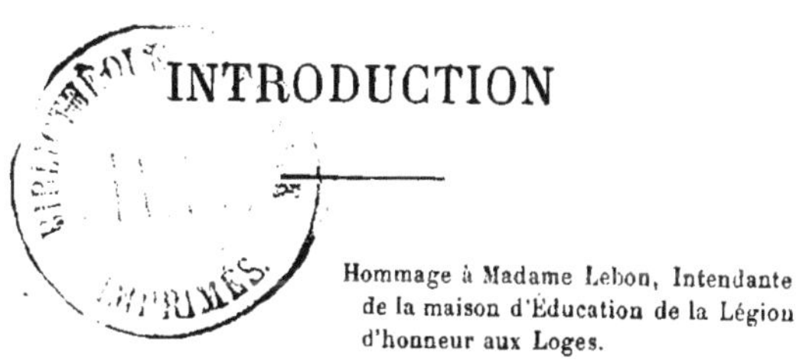

INTRODUCTION

Hommage à Madame Lebon, Intendante de la maison d'Éducation de la Légion d'honneur aux Loges.

La fleur! c'est-à-dire ce qu'il y a de plus coquet, de plus joli, de plus pimpant : variété de formes et chatoiement de couleurs!

Toutes les notes gaies, tous les tons, brillants ou discrets, défilent tour à tour; toutes les gammes des bleus et des jaunes, des rouges et des roses, depuis les plus tendres jusqu'aux plus vifs, s'y déroulent au grand complet.

Mais aussi, comme on l'aime! La fleur est peut-être seule au monde à réunir tous les suffrages. On préfère l'une à l'autre, on choisira la bleue plutôt que la rouge, la pivoine, pour certains, le cédera à l'œillet; mais on les aime toutes, car toutes sont charmantes, la plus petite pâquerette des champs aussi bien que la plus belle rose de nos parterres.

Quels ravissants sujets pour un peintre! Jamais les

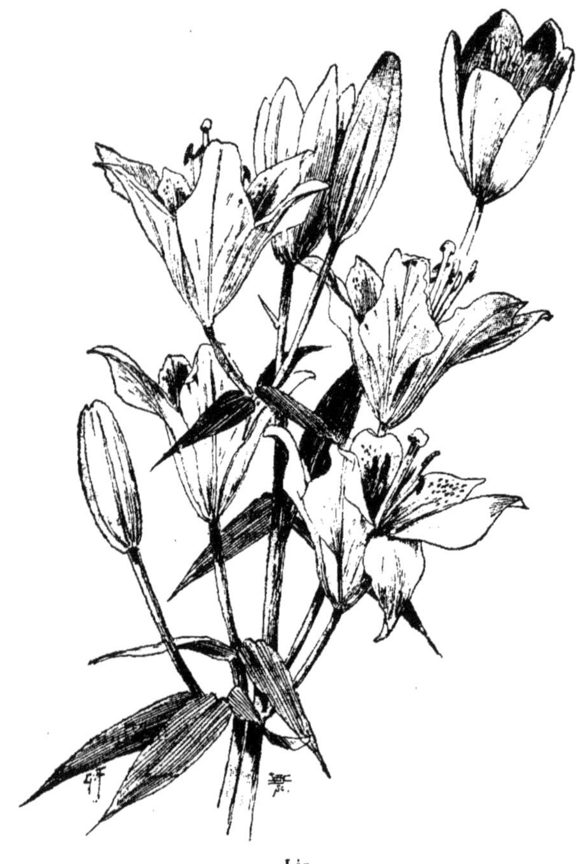

Lis.

mêmes, toujours merveilleux de tons, exquis de formes!

En essayant de vous donner ici quelques indications utiles sur la manière de les peindre, notre désir, aimable lecteur ou plutôt charmante lectrice (car la fleur vous appartient par droit de beauté et vous en êtes le peintre plus que nous), notre désir est de vous aider quelque peu au début, de vous guider, si vous voulez bien le

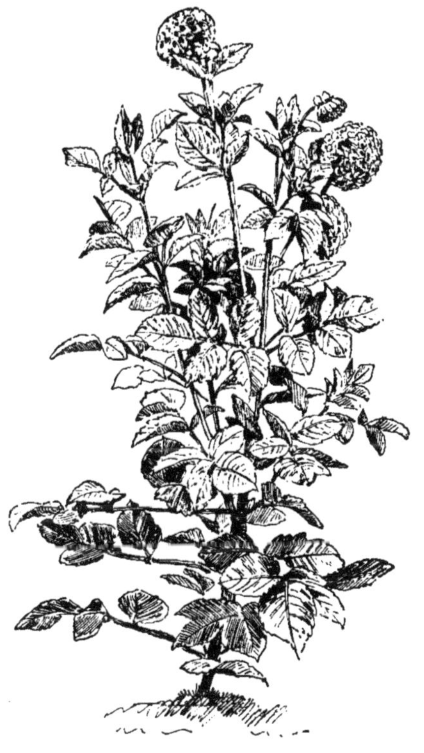

Dahlia.

permettre. Nous tâcherons de vous faire voir le rôle que joue la fleur comme sujet d'aquarelle, comme accessoire dans un ensemble ou comme motif de décoration. Vous avez certainement déjà, puisque vous voulez peindre maintenant, fait des croquis nombreux de fleurs de tous genres, de plantes de toutes familles : vos cartons sont remplis d'études au crayon ou à la plume, au fusain ou à la sépia ; en un mot, vous savez dessiner une fleur sous toutes ses faces, suivre une tige dans tous ses caprices et rendre à merveille les contours d'une feuille ; ce sont là des conditions essentielles avant d'essayer d'en reproduire les couleurs.

Est-ce le côté utile que vous cherchez en apprenant à peindre la fleur? En travaillant sérieusement et surtout consciencieusement, vous arriverez vite à acquérir un talent que vous pourrez employer à la décoration d'une foule de choses ; il est mille petits riens qui se prêtent si bien à l'ornementation par la fleur : écrans ou éventails, paravents, que sais-je? Le sujet sera toujour séduisant et toujours nouveau, si vous voulez bien vous donner un peu de peine.

N'est-ce qu'un ravissant passe-temps qu'ils vous faut L'hiver au coin du feu, l'été au bord de l'eau, en toutes saisons, aux champs ou à la ville vous trouverez des fleurs toujours et partout. N'allez pas surtout négliger les humbles petites fleurettes que vous trouverez dans les sentiers ou dans les bois : elles sont des plus jolies, bien que des plus simples, et vous fourniront de mignons modèles à étudier, de gracieuses études à faire. Ne croyez point que seules les fleurs recherchées et les plantes rares soient dignes d'être peintes, que non ! Toutes, sans exception, peuvent fournir matière à charmantes compositions, et non seulement la fleur, mais aussi le feuillage, les herbes, les moindres petites brindilles et même... (ne souriez pas, mademoiselle...) et même *les légumes !* Mais oui, le vulgaire poireau, le gros potiron, le chou vert ou le chou rouge feront fort bonne figure et deviendront sujets décoratifs, si vous savez les placer à propos : tout est là! Des maîtres décorateurs, les Japonais, ne se servent-ils pas, comme motifs d'ornementation, des choses les plus inattendues, des plantes les plus bizarres, des animaux les plus sin-

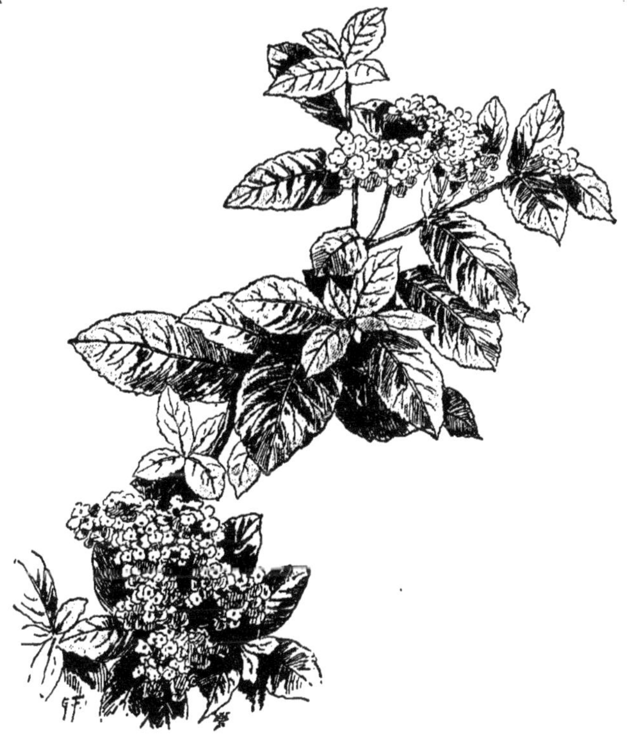

Héliotrope.

guliers — et cela fait bien! Pourquoi? tout simplement parce qu'avec le sentiment décoratif qu'ils possèdent, ils trouvent moyen de toujours placer leur sujet d'une manière *originale*, parce qu'ils savent en faire valoir les formes et les couleurs, parce que, en un mot, quelque *banale* que soit en réalité la *chose* qui leur a servi de modèle, la façon dont ils l'intercalent dans leur œuvre ne l'est jamais

Que ce soit l'élégant camélia ou la rustique carotte dont vous cherchiez à rendre les formes et les couleurs, la banalité ou l'originalité résideront non dans *ce que vous aurez peint*, mais dans *la façon dont vous aurez peint et composé*.

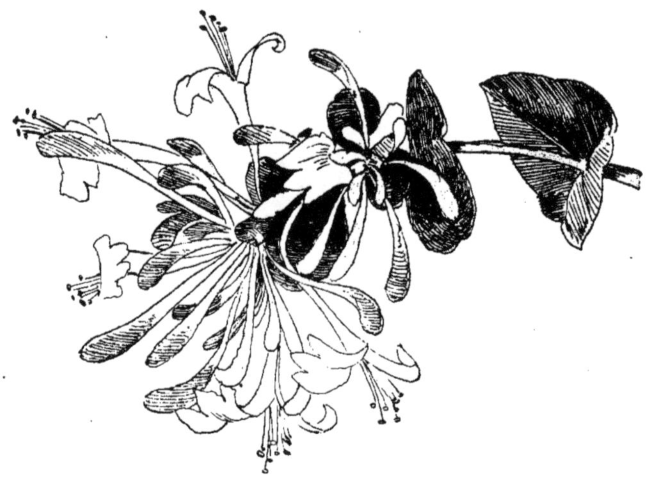

Chèvrefeuille.

L'ART
DE
PEINDRE LES FLEURS

CHAPITRE I

UN PEU DE BOTANIQUE

Oh! rassurez-vous, ce n'est pas un cours de botanique que nous entendons faire; nos connaissances, nous l'avons dit, sont trop bornées. Point n'est besoin, du reste, pour peindre une plante, de savoir si elle est dicotylédone ou non, si elle appartient à la famille des Cardinacées ou des Cucurbitacées, mots techniques, mais barbares (pour les non-initiés, du moins), qui vous sembleraient trop durs à prononcer. Peu importe la famille à laquelle appartient une fleur, pourvu qu'elle soit jolie à peindre, et sa race vous intéresse certainement moins que sa forme et ses couleurs! Ce qui n'empêche pas d'apprendre à connaître les noms de celles qu'on dessinera, voire même de celles qu'on ne dessinera pas.

Notre *cours* de botanique se bornera à donner les termes usités pour désigner telle ou telle partie de la plante, termes dont nous aurons peut-être à nous servir, et que, dans tous les cas, il est bon de connaître.

Toute plante se compose de :

1° La *racine*,

2° La *tige*,

3° La *feuille*,

4° La *fleur*,

5° Le *fruit*.

Cela, nous le savons tous, mais ce que certains igno-

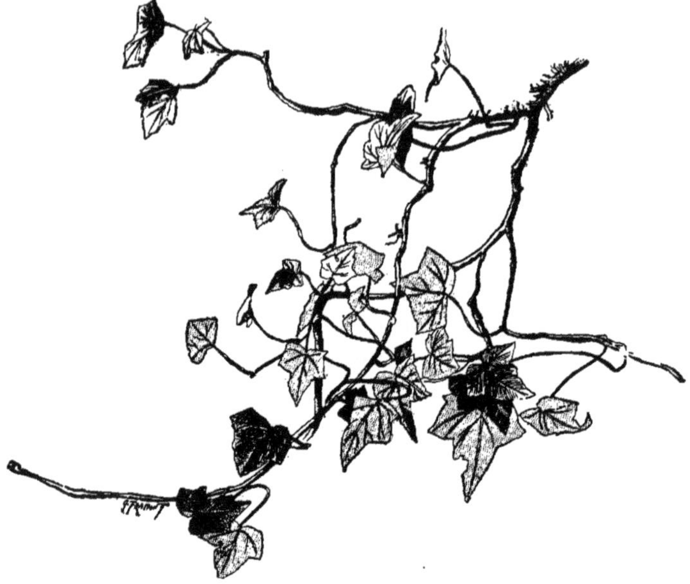

Lierre.

rent, c'est le caractère différent de chacune de ces parties et le nom des organes qui les composent ; pour ceux-là, voici quelques indications.

§ 1.

La racine.

La racine est le point de départ, la base de la plante. Dans le cas qui nous occupe, elle ne présente pas d'attraits pour nous, contentons-nous donc de la citer.

§ 2.

La tige.

La tige est à la plante, ce que le tronc est à l'arbre; elle part de la racine et porte les rameaux, les feuilles et les fleurs.

Une tige est dite *dressée* lorsqu'elle s'élève verticale-

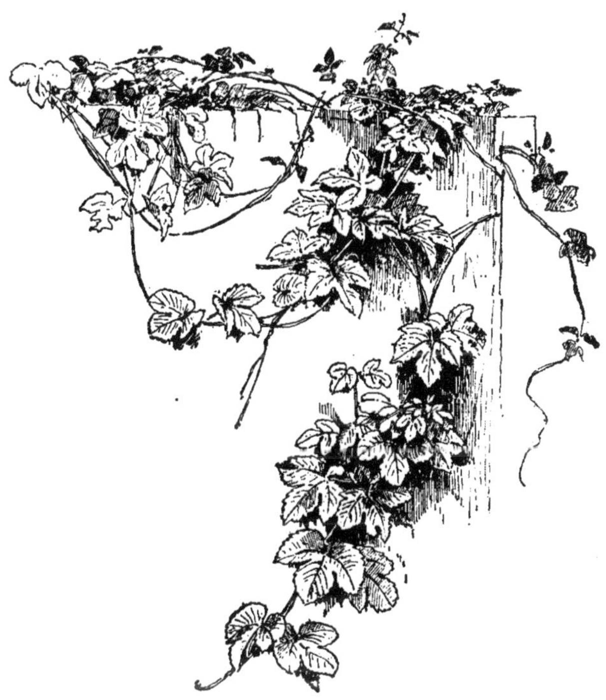

Houblon sauvage.

ment ; *couchée*, quand elle traîne sur le sol; *rampante*, lorsque, agissant comme la précédente, elle a en plus des racines adventives, comme le lierre, par exemple; *grimpante*, lorsqu'elle s'élève en s'attachant aux corps à sa portée; *volubile,* lorsqu'elle s'enroule autour des corps voisins : houblon, haricot, etc.

Une tige droite et terminée par une touffe de fleurs (comme la rose trémière), prend le nom de *hampe*; restée sans branche et formant en montant une colonne surmontée d'une touffe de feuilles, elle prend le nom de *stipe.*

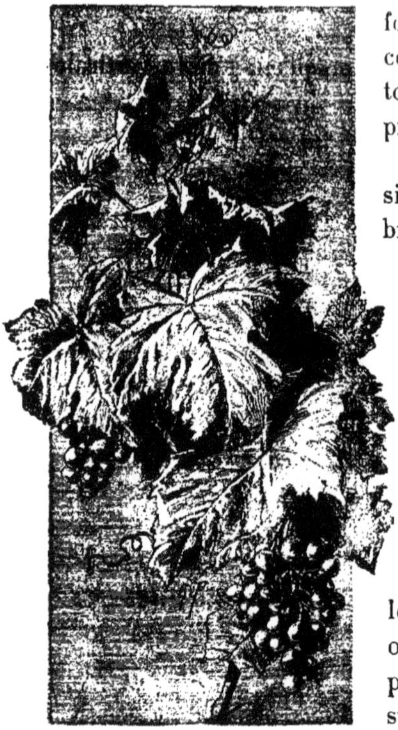

Vigne.

Si elle se divise en plusieurs parties et comporte branches et rameaux, elle est *ramifiée.* La partie émergeant de la racine est la *tige principale,* les autres sont les *tiges secondaires*; celles, plus petites, qui servent d'attache aux fleurs, portent le nom de *pédoncules.*

Certaines plantes ont les tiges si frêles qu'elles ont besoin d'aides, de supports pour se soutenir. Ces supports changent de nom suivant leur caractère spécial; ils se nomment : *racines-crampons* dans le lierre; *volubiles,* dans le liseron; ceux de la vigne s'appellent *vrilles.* Lorsque les tiges finissent par avoir acquis, dans une même plante, des dimensions à peu près pareilles, elles forment un ensemble nommé *buisson.*

Bulbes est le nom donné à certaines tiges très raccourcies, épaisses. Exemples : la tulipe, la jacinthe, etc.

§ 3.

La feuille.

La feuille prend des qualificatifs divers, suivant sa forme, la façon dont elle se comporte envers la tige, etc.

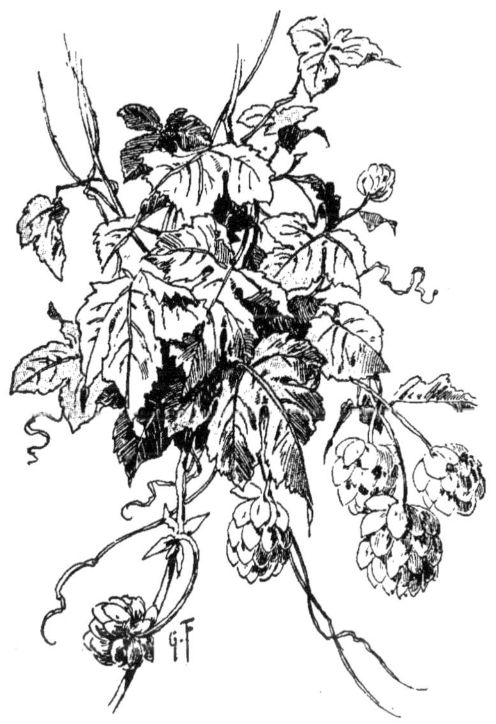

Houblon cultivé.

Si elle s'attache directement à celle-ci, elle est *sessile*, si elle y est fixée par une petite tige nommée *pétiole* (ce que vulgairement, nous appelons la queue de la feuille), elle devient *pétiolée.*

Le *limbe* est la partie plate supportée par le pétiole, la feuille proprement dite. La *gaine* est le nom que

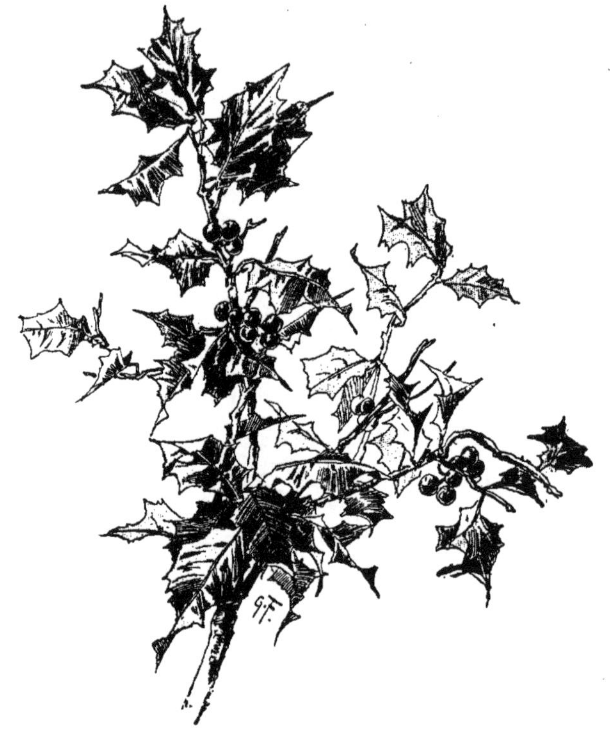

Houx.

prend, dans certains cas, le pétiole, lorsque celui-ci s'évase à la partie du bas pour entourer en partie la tige.

Le *limbe* d'une feuille est plus ou moins garni de nervures, la disposition de celles-ci s'appelle *nervation.* Les feuilles ne possédant qu'une nervure, les pins, sapins, par exemple, sont *uninerves.*

Sont *penninerves*, celles qui ont une nervure médiane de laquelle en partent d'autres de droite et de gauche : telles celles du hêtre, du châtaignier, etc.

Palminerves les feuilles qui, outre les nervures

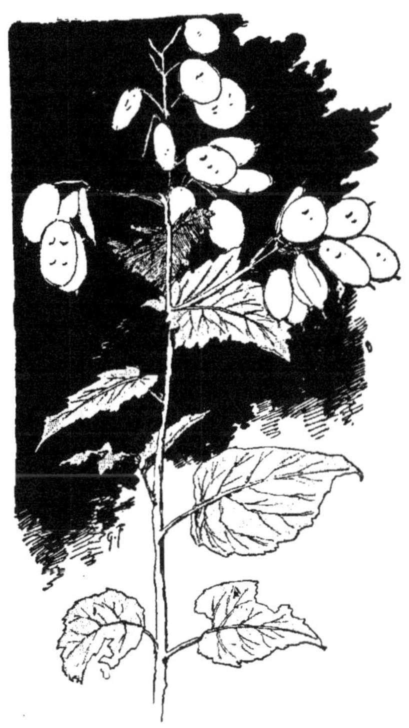

Monnaie du Pape.

partant de la médiane, en comportent d'autres encore, plus petites, partant des secondaires : la mauve, etc.

Certaines feuilles ont les nervures parallèles, par exemple, le bambou, le blé, elles prennent alors le nom de *parallélinerve*.

Souvent, au point où la feuille s'attache à la tige, on

remarque d'autres feuilles plus petites; elles s'appellent, comme celles du rosier, *stipules*.

Voilà à peu près tout, ce nous semble. Quant à la feuille elle-même, il nous reste à dire quelques mots sur les diverses dénominations qu'on lui donne sui-

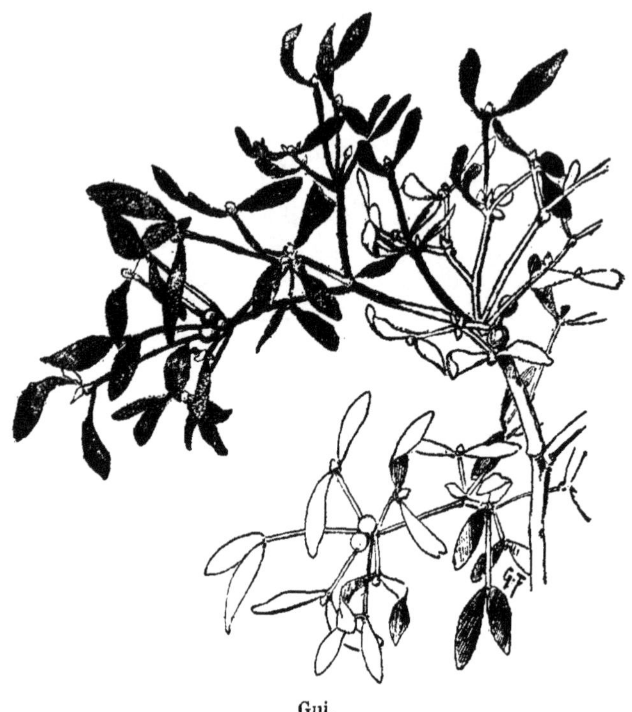

Gui.

vant sa façon particulière de s'attacher aux rameaux ou aux tiges.

Feuilles simples. — Celles qui ne portent qu'un seul limbe au bout du pétiole. Si celui-ci se divise et donne naissance à d'autres pétioles garnis de feuilles, eux aussi, nous aurons les *feuilles composées* comme dans l'acacia, ou les feuilles *composées palmées* comme dans le marronnier. Si le nœud d'une tige ne donne naissance qu'à une seule feuille, elle sera à *feuilles isolées*; elle deviendra à *feuilles opposées* s'il y en a deux (le houblon) et à *feuilles verticillées*, s'il y en a davantage (laurier-rose).

Suivant leurs formes, les feuilles s'appellent *rondes*, *ovales*, *dentelées*, *palmées*, *retroussées*, etc. Suivant leur aspect, elles sont *luisantes*, *veloutées*, *mates*, etc... Tous ces termes disent assez par eux-mêmes pour ne pas devoir être expliqués.

Vous en savez maintenant plus qu'il n'en faut sur le compte de la feuille ; passons à la fleur.

§ 4.

La fleur.

La fleur. — Elle est généralement reliée à la branche par une petite tige nommée *pédoncule*.

On nomme *calicule* un groupe de petites feuilles en forme de rosette et d'où sort une seule fleur ; exemples : la mauve, l'œillet. Lorsqu'il y a plusieurs fleurs, c'est un *involucre* comme dans les chardons, artichauts, etc. Le gland du chêne est contenu dans une *cupule*, et enfin le nom de *spathe* est porté par cette sorte de cornet qui laisse émerger les fleurs de la famille des *Arums*.

Bractées est le nom générique des petits groupes de feuilles supportant les fleurs et variant de formes et de couleurs suivant les espèces.

Les organes extérieurs de la fleur sont : le *calice*, la *corolle*, l'*androcée*, le *pistil*.

Le *calice* est l'enveloppe extérieure de la fleur; la plupart du temps il est vert (la renoncule), mais dans certaines espèces, il prend d'autres tons (la capucine). Le calice est composé de petites lames, soit séparées,

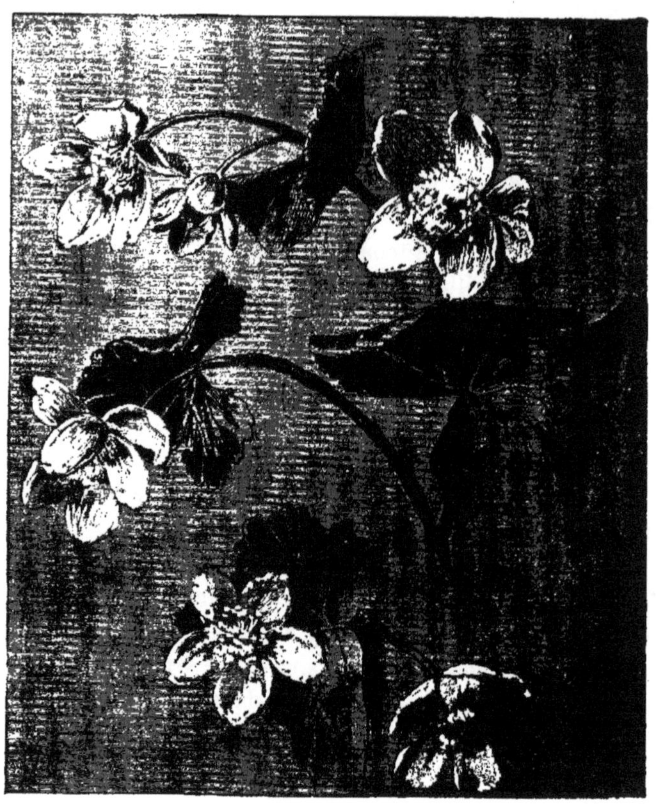

Renoncule.

soit soudées ensemble. Ces lames s'appellent *sépales*; le nombre en est variable.

Un calice est *régulier* ou *irrégulier*, suivant que les sépales qui le composent sont égaux ou non.

La *corolle* est la partie la plus séduisante de la fleur, car c'est elle surtout qui lui donne sa forme et porte

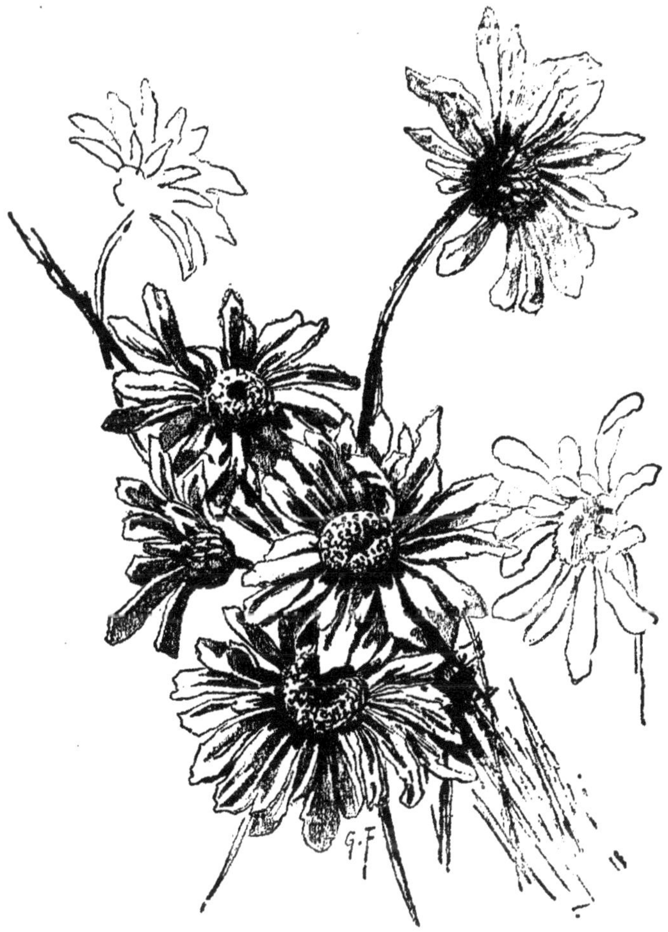

Marguerites.

ses couleurs ; c'est assez dire que rien n'est varié comme les *corolles* : dans une même espèce il s'en trouve sou-

2

vent de tous les tons, il en est de claires et de foncées, d'unies et de *panachées*.

La corolle est *polypétale*, si elle est composée de plusieurs pétales ; *monopétale*, si c'est un seul pétale qui la forme.

L'*androcée* est le nom donné à la série d'organes nommés *étamines*, organes essentiels dans la fleur et dont le nombre et la forme varient suivant les espèces ; elles sont généralement composées d'une petite tige nommée *filet*, surmonté lui-même d'un renflement qu'on appelle *anthère*, partie essentielle puisque c'est elle qui renferme le pollen.

Les étamines sont, ou séparées comme dans la renoncule, ou réunies entre elles par leurs filets comme dans la mauve ; d'autres fois, dans la marguerite, par exemple, elles sont soudées par leurs anthères. Enfin certaines espèces, telles que la fleur du pois, ont une étamine libre, alors que les autres sont réunies par leurs filets.

Les *pistils* dont la quantité et la forme sont variables, sont composés de petits organes appelés *carpelles*. Celles-ci ont trois parties : l'*ovaire*, le *stigmate*, le *style*. Le premier deviendra le fruit et contient la graine, le second est la tête qui domine le carpelle, le style est le soutien du stigmate.

Si nous avons cherché à ne rien omettre quant à la nomenclature des parties composant une fleur, c'est que ce sont chacune d'elles qui en constituent le *caractère*, et que, quoique souvent très petites, très ténues, il est urgent de les bien observer quand on détaille une fleur. Connaissant l'importance de chacun des organes qui la composent, on se préoccupera davantage de les mettre bien en place et d'en bien indiquer les formes typiques.

Quelques mots sur l'*inflorescence*, c'est-à-dire les

différents modes d'arrangements des fleurs sur leurs pédoncules.

L'*inflorescence* est *solitaire* si une fleur termine le

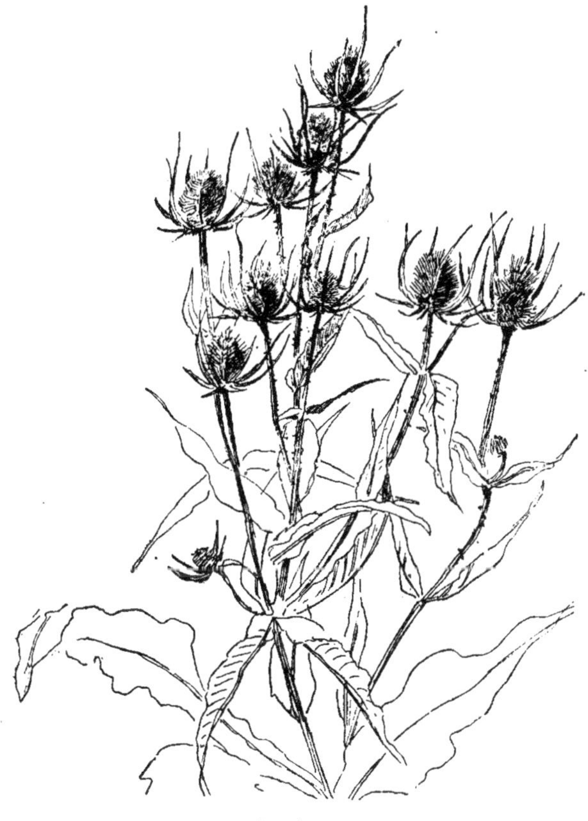

Chardon.

pédoncule, elle est *groupée* ou *en bouquets*, s'il y en a plusieurs.

On dit des fleurs dont les pédoncules, fixés eux-mêmes à un pédoncule principal formant axe, vont en s'allongeant vers le bas et s'amincissent de plus en plus vers le haut, qu'elles sont en *grappes simples;* les fleurs de groseillier sont dans ce cas.

Celles de la vigne sont en *grappes composées*, chaque pédoncule se comportant lui-même comme le pédoncule principal d'une *grappe simple.*

Un *épi* diffère de la *grappe* en ce que les pédoncules sont très courts : la digitale, par exemple, et le plantain sont en *épis.*

La *capitule* est une variété d'*épi* dont l'axe est irrégulier, concave ou convexe, plus ou moins élargi ou aplati, comme dans la reine-marguerite, et dont les fleurs sont privées de pédoncules.

La *corymbe* se dit d'une sorte de *grappe* dont les pédoncules inégaux portent leurs fleurs au même niveau, comme dans la floraison du poirier.

L'*ombelle* diffère du précédent en ce que la tige principale en est raccourcie, et que toutes les tiges secondaires (pédoncules) semblent partir du même point; la ciguë, la carotte sauvage sont des *ombellifères.*

La *cyme* est le nom donné à des fleurs groupées de telle façon, que toutes les tiges portent une fleur à leur extrémité. Exemple : le myosotis.

Le *thyrse* est un ensemble de fleurs dont le milieu est en renflement : la fleur du marronnier est en forme de *thyrse.*

Vos connaissances en botanique sont suffisantes maintenant si c'est seulement comme peintre que la fleur vous intéresse; si c'est à un autre point de vue que vous voulez apprendre à la connaître, ce n'est pas dans ce modeste petit volume que vous viendrez puiser des renseignements semés à profusion dans une foule d'ouvrages de botanique où on vous servira toutes les sortes de plantes possibles, leur façon de naître, de vivre et de mourir, leur famille, leurs parentés, etc., etc. Nous

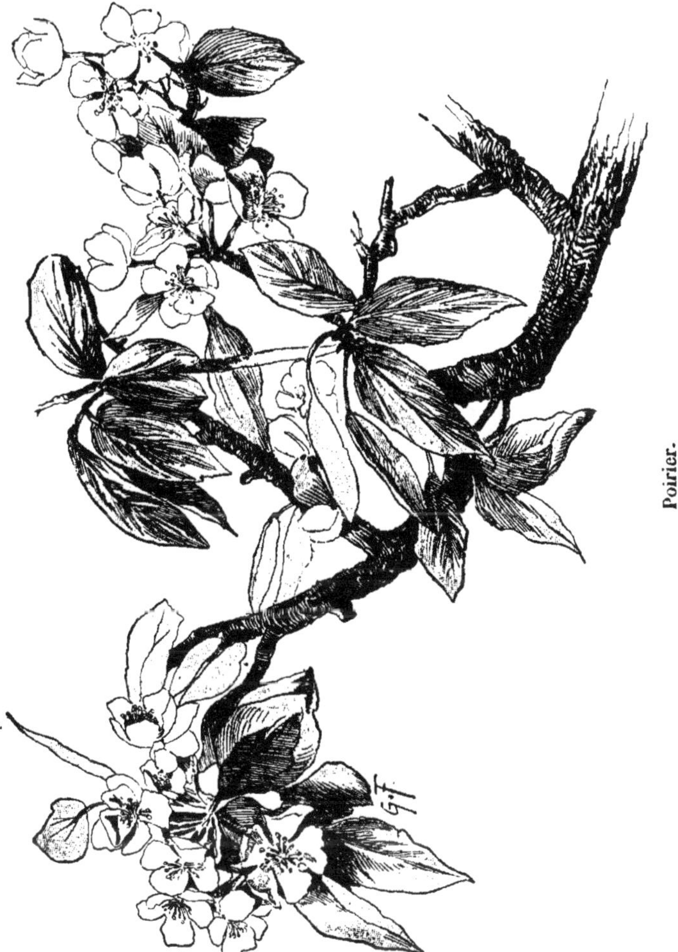

Poirier.

fermons donc le paragraphe *fleurs* pour en ouvrir un de quelques lignes sur les *fruits*.

§ 5.

Le fruit.

Ceux-ci tout d'abord se divisent en fruits *charnus* et en

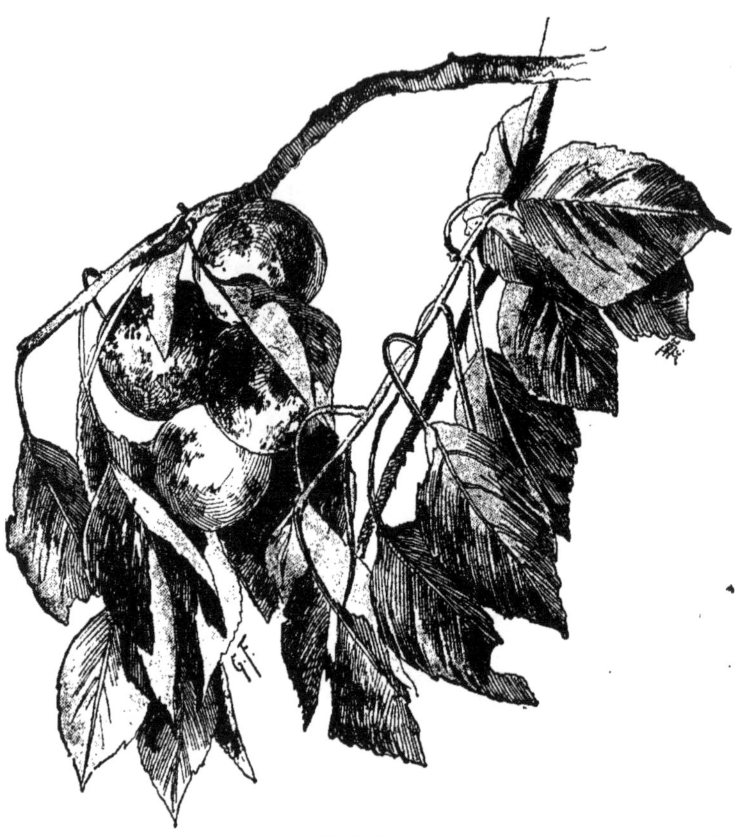

Abricotier.

fruits *secs*. Les premiers ont l'extérieur de consistance plus ou moins pulpeuse, les seconds ont la paroi sèche.

Les fruits *charnus* présentent deux types : la *baie* et la *drupe*. La groseille, le raisin sont des *baies* ; la pêche, l'abricot, des *drupes*.

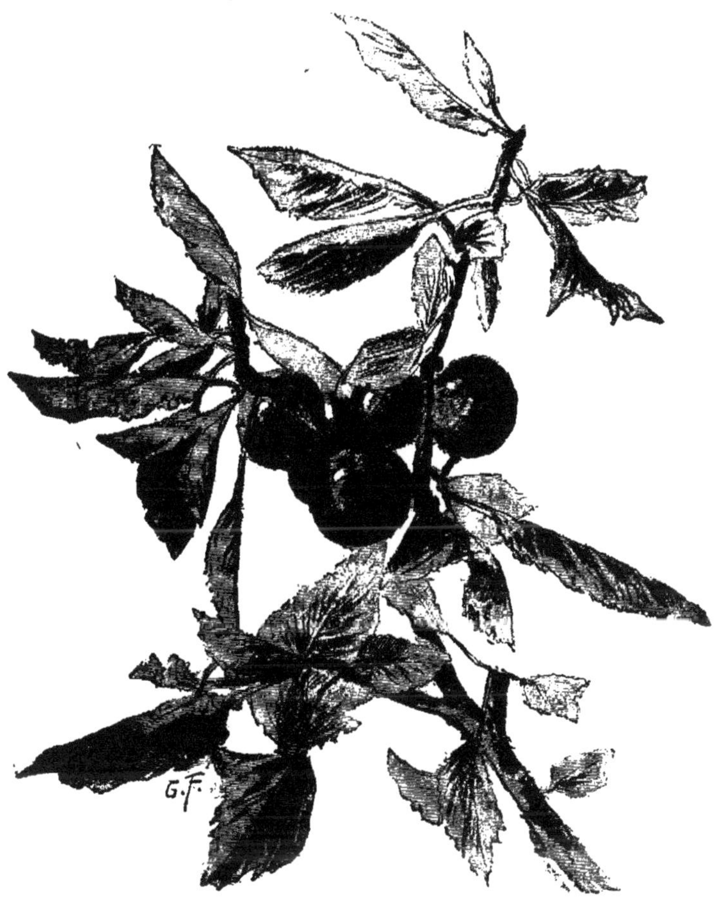

Prunier.

Sous le nom générique de *pomme*, on distingue les fruits durs à pépins.

Coque se dit de l'écorce de la noix du marronnier, etc.

La *gousse* est ce qui renferme les haricots, les pois, etc.

La *capsule* est la tête contenant la graine dans certaines espèces, telles que le pavot, le coquelicot.

Ici se bornera, si vous le voulez bien, notre rôle de *professeur d'histoire naturelle*, dont nous demandons pardon d'avoir usurpé aussi longtemps le titre; mais il nous a paru intéressant, pour qui veut peindre la *plante*, d'en connaître quelque peu la structure, les divers organes et les noms de chacun d'eux : là sera notre excuse.

CHAPITRE II

LA FLEUR A L'AQUARELLE

Si, comme nous l'avons dit, il faut, avant tout, pour bien peindre la fleur la savoir bien dessiner, il faut aussi connaître à fond toutes les ressources qu'offre l'emploi des couleurs pures ou mélangées entre elles; nous avons donné déjà les bases générales des mélanges (1) qu'il est urgent de bien connaître, car ils parcourront ici toute la gamme, depuis le ton le plus faible jusqu'au plus violent, et passeront en outre par des différences énormes, non seulement de valeur mais aussi de ton. Prenons un violet, par exemple : le violet, vous ne l'ignorez pas, est un composé de rouge et de bleu, mais s'il existe beaucoup de *qualités* de violet il existe aussi beaucoup de qualités de rouges et de bleus.

Tel rouge marié avec tel bleu ne donnera point du tout le même ton que ce même rouge avec un bleu autre;

(1) *L'Art de peindre les Marines*, p. 42.

la quantité que vous mettrez de l'un ou de l'autre modifiera aussi complètement votre nuance; si vous appuyez sur le bleu, il est évident que vous aurez un violet bleuté, si vous appuyez sur le rouge votre couleur deviendra d'un violet plus chaud.

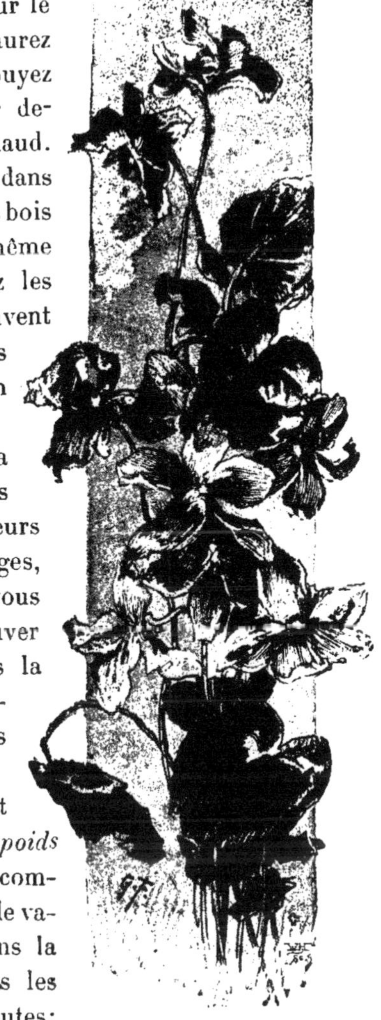

Violettes.

La violette de Parme sera dans le premier cas, la violette des bois dans le second; dans une même grappe de lilas vous avez les deux: la fleur ouverte est souvent presque bleue alors que les parties du sommet, encore en boutons, sont rougeâtres.

Ce qui est vrai pour la couleur violette l'est pour les autres, qu'elles soient couleurs *primordiales* (comme les rouges, les bleus, les jaunes dont vous aurez à étudier et à trouver toutes les gradations dans la peinture de fleurs), ou *composées* comme les verts, les oranges, etc.

Il est donc matériellement impossible de donner par *poids et mesures* la manière de combiner exactement l'infinité de variétés de tons existant dans la nature, mais surtout dans les *fleurs* qui les comportent toutes; s'exercer à voir juste, apprécier exactement les valeurs et les couleurs est affaire de grande habitude (synonyme ici de beaucoup de travail); les rendre avec son pinceau, affaire d'études; enfin, en combiner les tons de façon à les faire valoir les uns par les autres est affaire de *goût*, de *sentiment*. Vous

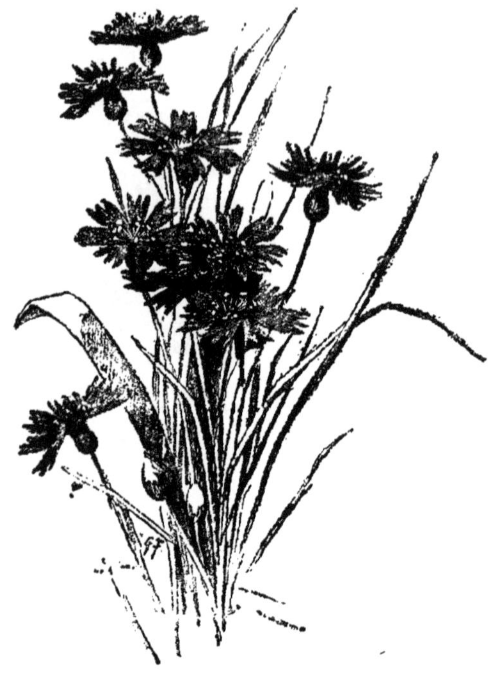

Bleuet.

avez certainement les deux, vous arriverez donc vite, pour le dernier point; quant aux autres vous les acquerrez aussi à la condition de suivre le conseil enfermé dans les deux parenthèses plus haut : beaucoup de travail!

C'est très tentant, la peinture des fleurs, très commode comme moyens d'installation, car, pour qui aime ses aises, on peut peindre la fleur, confortablement installé chez soi, ayant sous la main tout son attirail sans la préoccupation de la fatigue pour le transporter; sans avoir à redouter la pluie ou les coups de soleil...

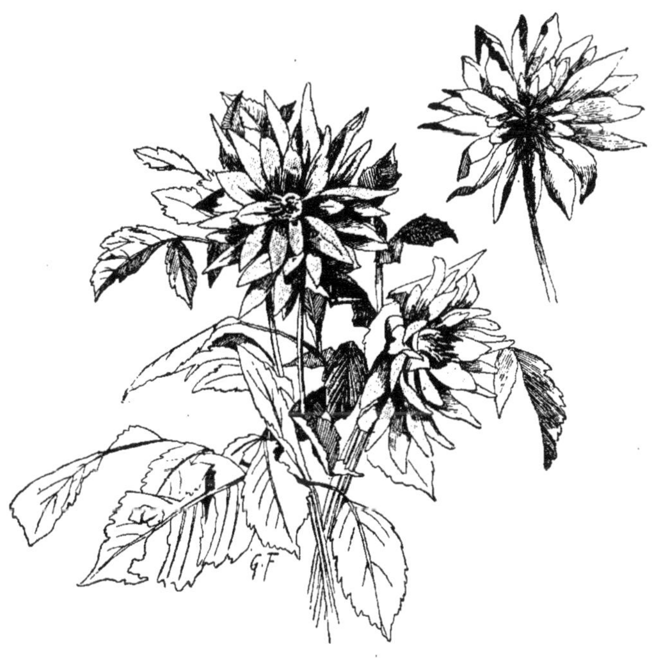

Dahlia (Étoile du diable).

Oui mais, combien est-ce difficile, quand on veut bien faire! Car outre que le dessin d'une fleur est souvent compliqué, les tons en sont parfois si variés; il en est de si doux, se heurtant brusquement à de si intenses ou passant de l'un à l'autre par des *fondus* tellement adoucis dans leurs gradations qu'on a peine souvent à en percevoir la tonalité juste. Un ton varie suivant l'entourage : une fleur jaune, par exemple, mise à côté d'une rouge n'aura plus du tout le même ton que si sa voisine est bleue ou blanche (théorie que nous développerons plus loin).

Question d'études, d'observations que tout cela et surtout... (voir la parenthèse déjà citée). On y arrive toutefois : demandez à madame Madeleine Lemaire, et vous verrez que la main de la femme est faite à merveille pour manier et la fleur et le pinceau qui en doit rendre les formes élégantes et les merveilleuses couleurs.

CHAPITRE III

DE L'OUTILLAGE

Si vous partez en excursion à la recherche de quelque buisson fleuri ou d'un premier plan émaillé de boutons d'or et de marguerites, vous promettant bien de faire une étude de l'un ou de l'autre dès que vous les aurez trouvés, faites comme le paysagiste à la recherche d'un *coin à peindre :* prenez votre bagage aussi simplifié que possible, car je suppose que, tout comme lui (plus peut-être, mademoiselle), vous redoutez les paquets lourds et encombrants, ennuyeux à porter et amenant souvent la perte de tout entrain lorsqu'on a enfin trouvé l'endroit cherché. Ne vous munissez donc que des accessoires strictement nécessaires, dont vous connaissez la nomenclature, si vous avez bien voulu prendre la peine de nous lire dès le début (1).

On trouvera dans le chapitre suivant la liste des couleurs que nous croyons nécessaires pour la peinture de la fleur; il va sans dire qu'après quelques études on

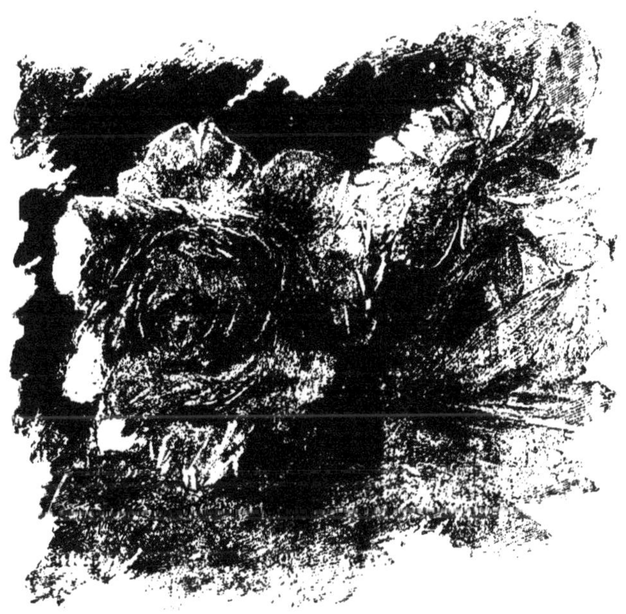

Pivoines.

pourra modifier sa palette à son gré, car nous n'entendons nullement ici imposer notre façon de faire, qui peut nous convenir très bien et ne point faire du tout l'affaire de notre voisine ou de notre voisin. Nous adressant à des débutants nous leur donnons les

(1) *L'Art de peindre les Marines.*

premiers conseils dont ils n'auront plus que faire lorsqu'ils auront manié les pinceaux et les couleurs et qu'ils auront cherché quelque peu par eux-même les meilleurs moyens d'arriver aux résultats désirés.

C'est ici un *point de départ* que nous essayons d'indiquer, non une règle absolue.

CHAPITRE IV

DES COULEURS

Pour la peinture des fleurs (il est bien entendu que nous ne nous occupons ici que d'aquarelle), il faut employer les couleurs que l'on préfère, *en tant que préparation :* couleurs moites en godets ou en tubes, ou couleurs en tablettes, la condition *sine quâ non* est de les avoir de première qualité.

Pour la fleur, cela a peut-être une importance plus grande encore que pour le paysage ou la marine, les couleurs fragiles (laques, etc.) y étant d'un emploi plus usité ; si celles-ci sont de mauvaise fabrication on risque de voir certains tons s'évaporer très vite et alors adieu les jolies nuances dont vous aurez été si heureux de rendre le charme, elles auront vécu moins longtemps que

Ce que vivent les roses...

Ceci dit, donnons la composition de la palette en français et en anglais, on aura le choix.

Noir d'ivoire.	Ivory Black.
Sépia colorée.	Warm Sepia.
* Bistre.	Bistre.
Terre de Sienne brûlée.	Burnt Sienna.
* Brun Van Dyck.	Van Dyck Brown.
Ocre jaune.	Yellow Ochre.
Jaune de chrome N° 1.	Chrome Lemon.
* — — N° 2.	Yellow Chrome.
Jaune Indien.	Indian Yellow.
* Jaune de Naples.	Naples Yellow.
* Rouge de Saturne.	Red Lead.
Vermillon.	Vermilion.
Carmin.	Crimson Laque.
* Laque de garance rose.	Rose Madder.
Vert Véronèse.	Esmerald Green (1).
* Vert émeraude.	Veronese Green.
Vert olive.	Olive Green.
Outremer.	French Ultra.
Cobalt.	Cobalt.
Bleu de Prusse.	Prussian Blue.

En tout vingt couleurs, dont certaines mêmes pourraient être supprimées, telles le brun Van Dyck dont le ton est à peu près équivalant à un mélange de sépia et de terre de Sienne.

De même, le rouge de Saturne s'obtiendra presque avec le vermillon et le jaune ; mais deux couleurs de plus ou de moins, cela n'est pas bien encombrant. Le jaune de Naples n'est pas non plus indispensable.

Nous indiquons par un astérisque celles que nous n'avons pas citées pour la palette du paysagiste.

Il existe aussi, dans la gamme des carmins, par exemple, certaines couleurs que quelques artistes emploient : le carmin brûlé, la garance pourpre, etc., ces couleurs

(1) On remarquera que vert émeraude, en anglais est *Veronese* et que Véronèse devient *esmerald*. On n'a jamais su pourquoi moi du moins.

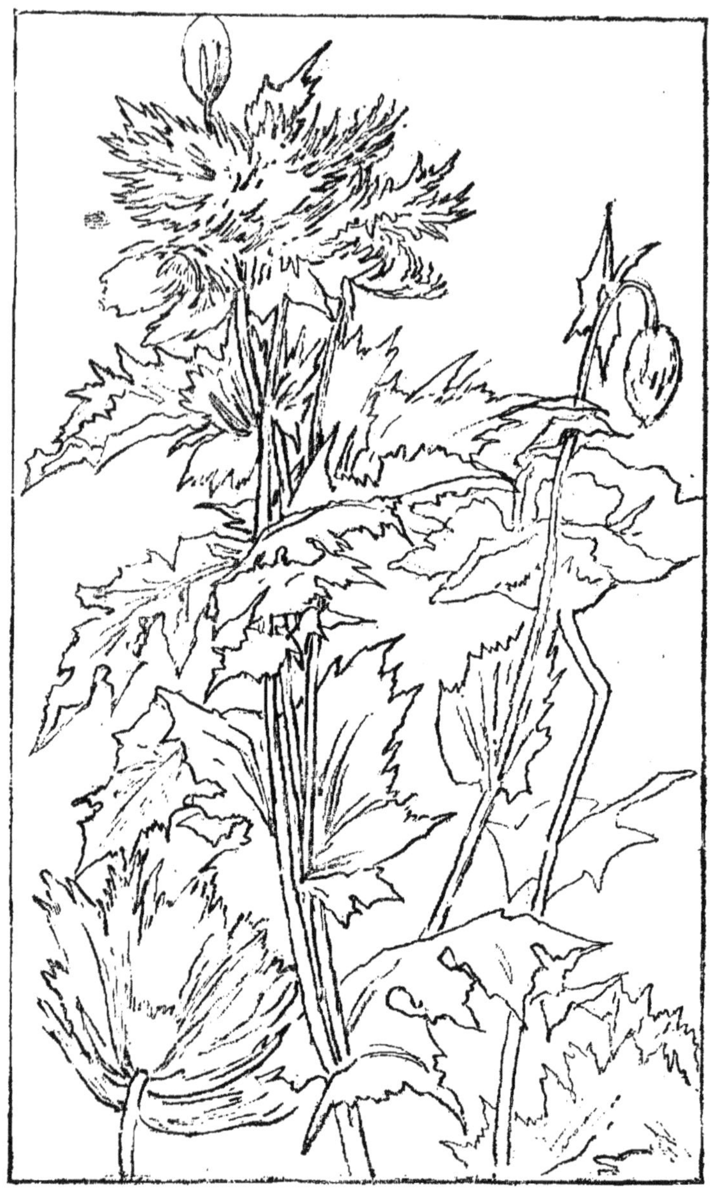

peuvent être utiles dans certains cas, mais non indispensables.

Du reste, moins vous emploierez de couleurs, mieux cela vaudra. Qu'au début, pour ne pas trop vous embrouiller dans les mélanges, vous ayez une collection respectable de tubes, godets ou pastilles (sans pourtant en exagérer la quantité), soit; mais, au fur et à mesure

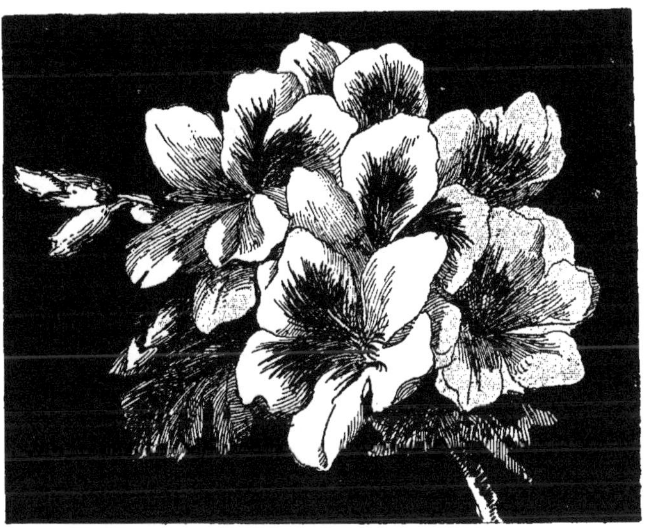

Azalée.

de vos progrès, simplifiez votre palette. En employant des moyens *simples*, vous arriverez à une facture *simple* à laquelle il faut toujours viser.

Certaine personne de notre connaissance, habitant la province et prise un beau jour d'une folle envie de *faire de la peinture*, s'en était allée tout droit chez un marchand de couleurs du cru pour lui demander de faire venir de Paris *toutes* les couleurs utiles à un commençant. Ce *toutes* était imprudent, car, peu de jours après, on lui livrait un véritable ballot de tubes de toutes tailles et à étiquettes multicolores!... Multicolores aussi en étaient les contenus et bien fantaisistes les étiquettes : il y avait là dedans tous les bleus, les roses, les verts,

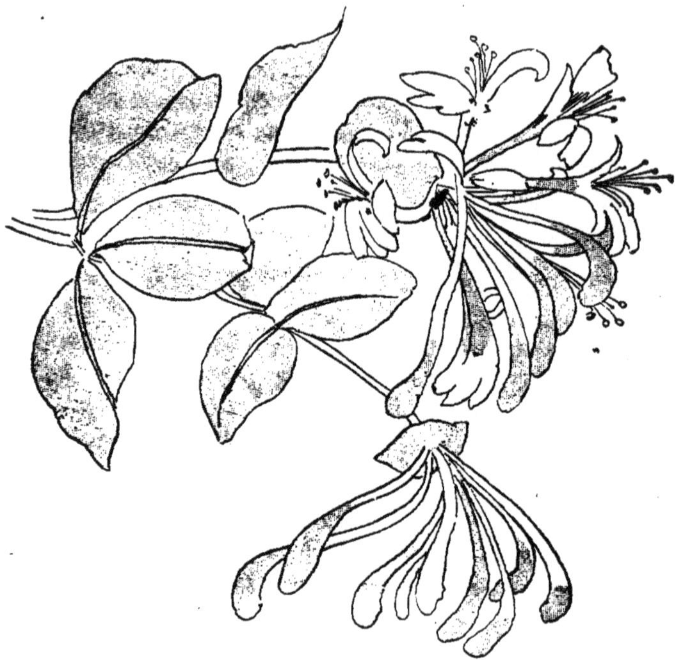

Chèvrefeuille.

les rouges, existant ou n'existant pas dans la nature, des *bleus permanents*, des *cœruléum*, de l'*outremer* VÉRITABLE (*sic*) (il y en a donc qui ne l'est pas ?) et des *carmins alizarine* et *grenadine* et des *orpin rouge* et du *sang-dragon*, de l'*orange de Chine*... Que sais-je! Il y en avait comme ça tout un tas aux noms plus abracada-

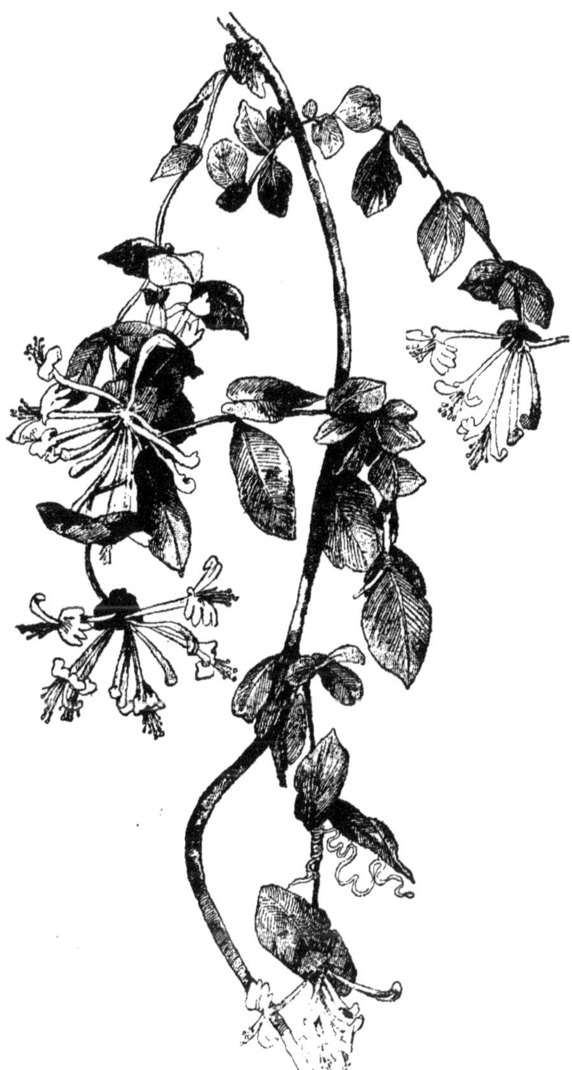

Chèvrefeuille.

brants les uns que les autres! La figure de notre ami était drôle comme tout à observer lorsqu'il déballa ce *choix de tons...*

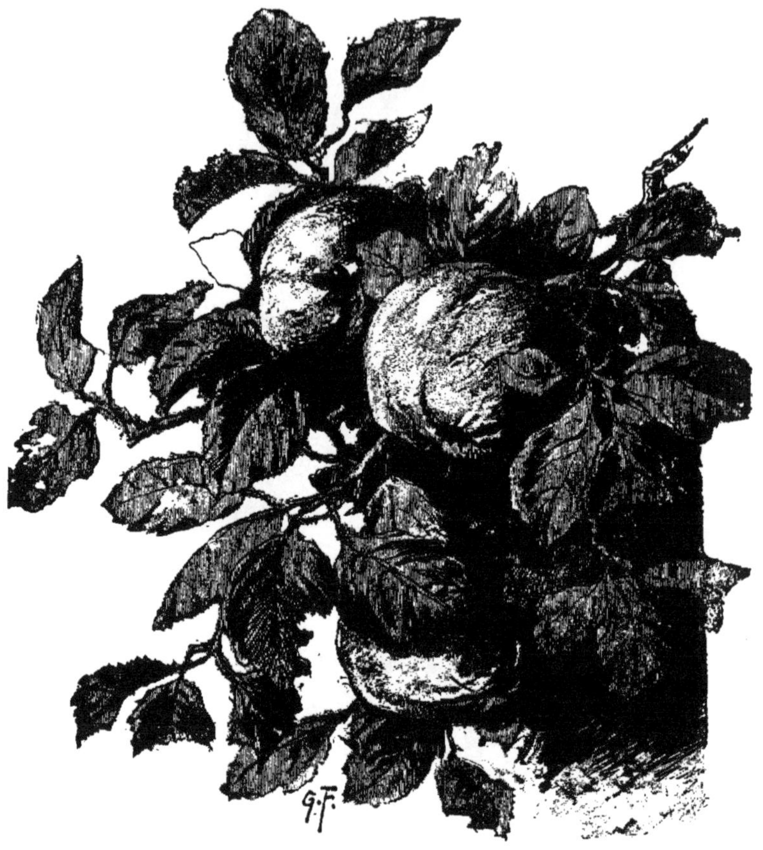

Pommier.

— Qu'est-ce qu'on fait de tout ça?... me dit-il tout effaré.

— Mais... de la peinture, apparemment, lui répondis-je, le tout est de s'y retrouver et surtout d'avoir une palette à tiroirs pour le classement des couleurs (il y en avait bien 60 ou 80).

Après m'être un peu amusé aux dépens de mon apprenti-artiste, j'ai fait avec lui un triage consistant à écarter tous les tubes à noms par trop extraordinaires, pour ne garder que ceux nécessaires pour composer une palette pratique. Le plus joli de l'aventure est que les couleurs principales manquaient et qu'il fallut les faire venir par un autre envoi.

Conclusion : Il faut combiner soi-même sa palette et se borner à l'emploi des couleurs indispensables ; laissez à d'autres celles qui n'ont de ronflant que le nom. Avec celles citées plus haut, on obtiendra, quand on saura s'en servir, toutes les nuances possibles et imaginables sans *orange de Chine* ni *sang-dragon.*

CHAPITRE V

INSTALLATION CHEZ SOI

Suivant vos moyens vous aurez une installation luxueuse ou très simple (je vous souhaite de tout cœur la première), une table ancienne en chêne sculpté ou deux tréteaux et une planche par-dessus.

Comme agrément des yeux, nous préférons la première ; comme commodité, nous choisissons la seconde, dont l'installation est aussi simple que peu coûteuse :

Se procurer une planche à dessin bien faite, emboîtée des deux bouts et de bois sec, conditions nécessaires pour qu'elle ne joue pas ; deux tréteaux à crémaillère permettant d'élever ou d'abaisser sa planche à volonté, suivant qu'on voudra travailler debout ou assis : ce genre de tréteaux offre en outre l'avantage de pouvoir mettre sa planche en pente, si c'est nécessaire.

Comme siège, un tabouret soit canné, soit en bois ; c'est moins confortable qu'un siège rembourré, mais pour travailler il faut être assis bien d'aplomb, avantage qu'offrent ceux que nous citons.

L installation proprement dite n'est guère possible à indiquer ici, car elle dépend absolument de la place que vous pouvez, dans votre appartement, réserver pour vos travaux.

Si vous avez un atelier de peintre, rien de mieux; mais vous pouvez très bien vous en passer pour peindre la fleur ou la nature morte. Il faudra autant que possible choisir une pièce prenant son jour du nord ; votre table sera installée de manière à être éclairée de gauche. Nous déconseillons absolument la position face à la fenêtre, qui est aveuglante et peu propice pour peindre; le jour venant de gauche éclaire parfaitement votre œuvre et les ombres projetées par votre main ne vous gênent pas puisqu'elles sont toujours en dehors du rayon où vous travaillez. Plus votre fenêtre sera haute, mieux cela vaudra; masquez au besoin les carreaux inférieurs de façon à laisser la lumière plonger de haut en bas.

Quant à l'outillage, il est fort simple aussi : palette, pinceaux, crayons, papiers, planchettes ou châssis, comme nous les avons indiqués déjà (1); la palette sera plus grande, puisque le nombre de couleurs étant augmenté, les compartiments devront être plus nombreux aussi.

(1) *L'Art de peindre les Marines.*

Au lieu de la gourde à godets (indispensable en excursion) ayez deux grands verres dits *cristallisoirs* remplis d'eau, l'un vous servira à rincer vos pinceaux,

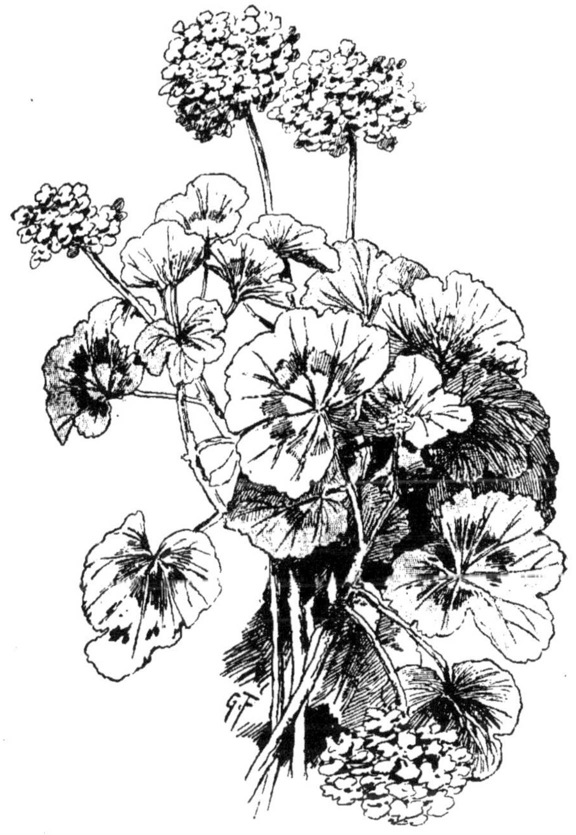

Géranium.

l'autre contiendra toujours de l'eau très claire destinée à humecter vos couleurs; vous aurez ainsi toujours des tons frais. Nous rappelons ce que nous avons dit au sujet de l'entretien constant des ustensiles dont on se sert, c'est urgent. Éponges, chiffons propres pour essuyer ses pinceaux, etc., bref, chez vous, il vous est facile d'avoir une foule de petites commodités peu aisées à se procurer en pleins champs.

Là ! Vous voilà bien installée, commençons à peindre

CHAPITRE VI

CROQUIS PEINT

Au début, il faudra se contenter de peindre partiellement quelques fleurs ; vouloir de suite faire des compositions entières serait une grave erreur : on s'embrouillerait et dans le dessin (à moins d'être déjà très accoutumé aux croquis de tous genres), et dans les variétés de tons, qui nécessiteront pas mal d'études préalables. Contentons-nous donc, d'abord, de motifs simples ; une tulipe sur sa tige, une marguerite sur son pédoncule, deux ou trois feuilles, en voilà assez pour notre premier essai. Reproduisons les unes et les autres un peu vues en tous sens, de face, de profil, d'au-dessus, d'en dessous ; cela nous en fera mieux comprendre la conformation et percevoir les formes.

Les fleurs doivent être dessinées avec le plus grand soin, dans tous leurs détails : corolle, étamines, pistils, il faut que tout y soit et bien en place. Appliquez-vous aussi à bien rendre les attaches des organes, la façon dont la feuille est portée par son pédoncule, et comment celui-ci à son tour se fixe à la tige. Aucun détail de dessin n'est à omettre, songez-y. Pour ne

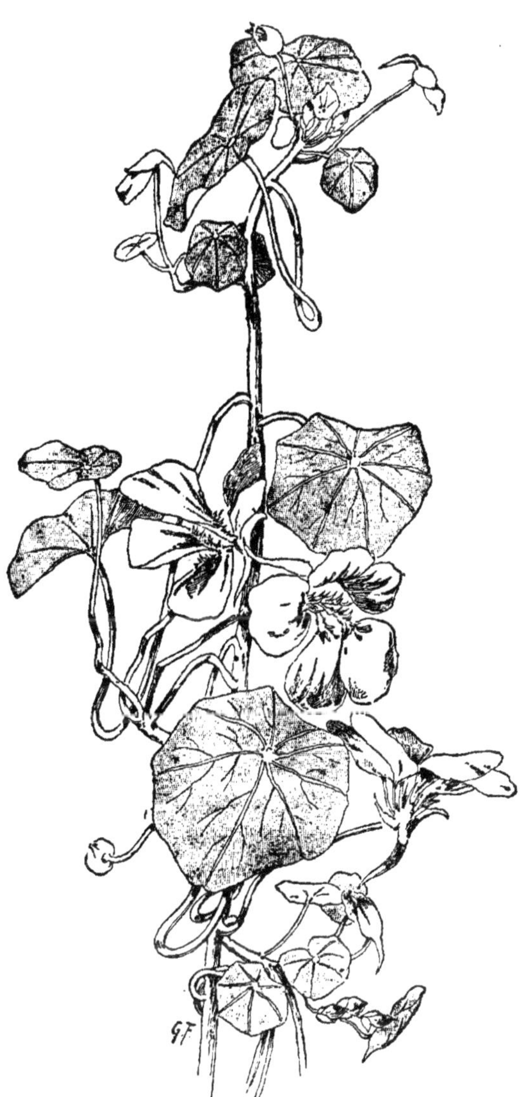

Capucines.

pas trop se perdre dès l'abord, nous conseillons fortement de commencer à peindre les fleurs en grisaille ou en camaïeu d'un ton neutre quelconque ; on fera, une fois cette première préparation bien sèche, quelques teintes en à-plats transparents : ceci donnera,

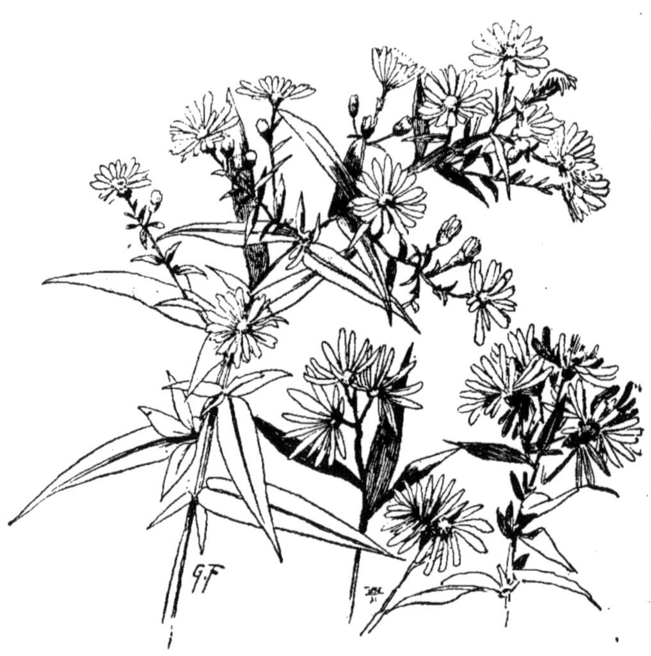

Aster.

non une aquarelle proprement dite, mais un ensemble à la fois agréable à voir et utile à conserver. La grisaille du dessous transparaîtra à travers les teintes plates et servira de modelé. Ce moyen pourra être employé, non seulement par le débutant, mais encore par celui qui, sans cesse à la recherche de documents utiles et en prévision de travaux à venir, glanera dans le *règne végétal* tout ce qui lui semblera bon à peindre. On peut aussi faire un dessin soit au crayon, soit à la plume mais toujours très serré et procéder de même ensuite, par l'application d'à-plats de couleurs locales.

On se composera ainsi des séries d'albums renfermant des notes très utiles à consulter et des croquis bons à garder. Un dessin aura pu être fait pour diverses raisons, soit parce que la silhouette d'une fleur aura semblé originale, soit parce que sa façon de se comporter sur sa tige aura paru gracieuse, soit enfin, et cette raison seule suffirait, pour le plaisir de croquer et peinturlurer sans cesse. Une collection d'albums, ainsi remplis, acquiert une valeur énorme pour qui en est l'auteur : celui-ci y trouvera toujours des indications précieuses, quelque *peu faits* même que soient les croquis de certains feuillets.

Nous ne faisons, somme toute, que répéter ici ce que nous avons dit déjà (1); le croquis peint ou la pochade est à l'aquarelle ce que le croquis, plume ou crayon, est au dessin. Nous croyons en avoir, assez longuement ailleurs, fait valoir les avantages ; en meublant vos albums, vous meublez votre mémoire, et l'un n'est pas plus à dédaigner que l'autre : s'il est bon d'avoir beaucoup dessiné, il est excellent d'avoir beaucoup retenu !

(1) *L'Art de prendre un Croquis.*

CHAPITRE VII

AU SUJET DE QUELQUES FLEURS

Passons en revue, si vous le voulez bien, quelques-unes des fleurs que nous voyons le plus communément; et essayons d'indiquer à peu près les couleurs à employer pour rendre chacune d'elles.

Nous disons, *à peu près*, car il y a en ceci la question *appréciation des valeurs et des tons*, qui joue un très grand rôle et que chacun ne possède pas à un égal degré; certains voient *très juste*, d'autres éprouvent plus de difficultés à démêler les nuances et leurs gradations. Si l'habitude (acquise par beaucoup de travail) joue un grand rôle, la *vue*, proprement dite, y est bien pour quelque chose, le tempérament dont on est doué aussi ; certains sont coloristes d'intuition, d'autres ne le deviennent qu'à force d'études : il en est enfin qui ne le deviendront jamais, qui verront toujours tout en gris! Ceux-ci feront bien de peindre d'autres sujets que les fleurs. Ceci dit, il est bien entendu que nous nous bornons à donner plus loin les premières indications, les bases des combinaisons de tons; quant à leur justesse, il faudra bien que vous y arriviez par vous-même. A tout seigneur, tout honneur : Commençons donc par la *rose*, puisque c'est la *reine des fleurs*, titre que nous n'avons point à discuter ici, bien que, peut-être, ce ne soit point à elle que nous eussions donné la couronne... picturalement parlant, tout au moins.

La rose ! oui, mais il en est de tant de variétés ! Prenons le type rose rose, si vous voulez, mais, tout d'abord, une remarque : si nous commençons par celle-ci, ce n'est que par respect pour son titre; car il ne

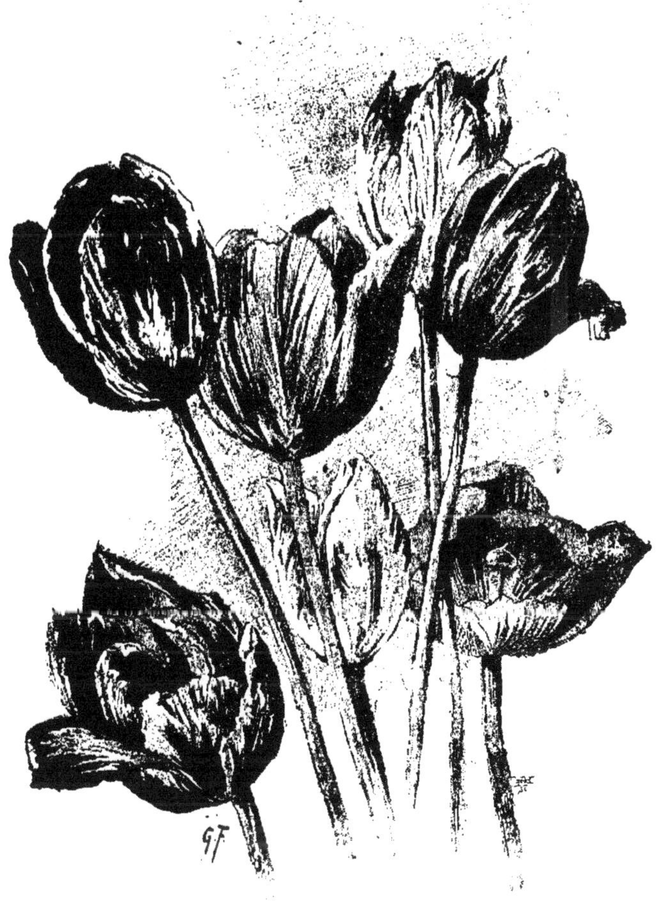

Tulipes.

faudrait pas débuter par elle pour ses études. La rose est une des fleurs les plus difficiles, peut-être la plus difficile, à bien rendre comme dessin et couleurs. Arriver à lui donner des tons frais, en peindre tous les pétales, tout en visant à l'ensemble, lui conserver ses formes, accusées par endroits, indécises en d'autres et ne faire ni sec, ni découpé, ni lourd... pas commode du tout. Vous en essayerez par la suite, du reste, et vous éprouverez cela par vous-même.

Les carmins, ici, rempliront les grands premiers rôles, ce sont eux qui de-

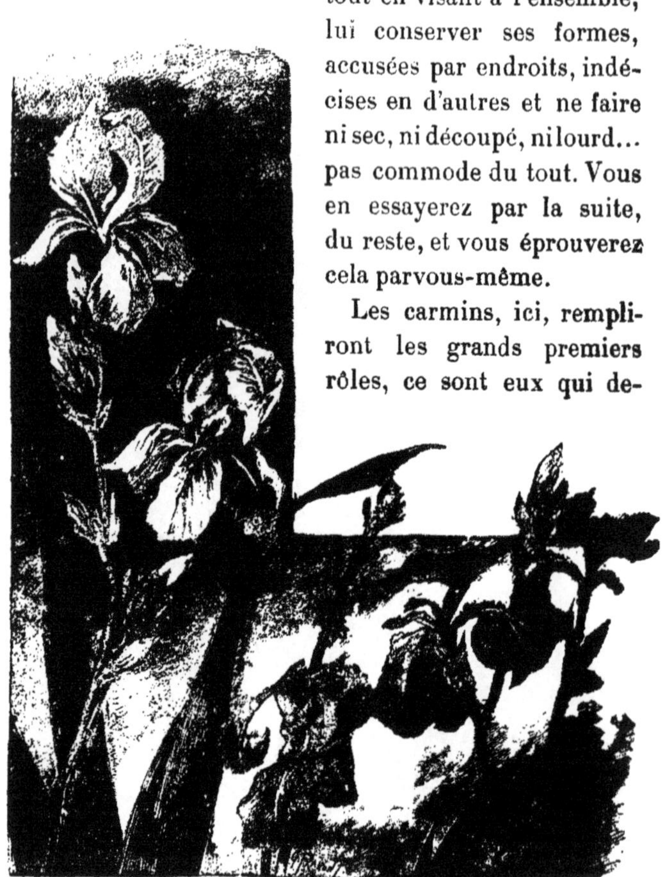

Iris.

vront vous donner la presque totalité de vos tons; il faudra employer la laque rose pour les parties les plus claires, la laque carminée (carmin) très délayée. Par places, mélangez-la avec la précédente pour les tons au-dessus; enfin le carmin pur, ou presque (ceci suivant l'intensité de la rose) pour le cœur. Pour réchauffer ces tons carminés qui deviendraient monotones, s'ils n'étaient par moments modifiés par d'autres, servez-vous de jaune indien, lequel, employé pur dans les clairs ou avec un peu d'ocre jaune, vous donnera le pistil. Dans les parties d'ombres et de demi-teintes, employez le bleu de cobalt par places, l'outremer en d'autres, ces couleurs mélangées avec le carmin, rendront les tons voulus. Pour la fleur, que ce soit une rose ou une tulipe, servez-vous toujours (sauf pour les petits détails et les repiqués) de beaucoup d'eau; ceci est une règle dont il ne faut point se départir en aquarelle, quel que soit le genre qu'on traite, sous peine de faire sec. Beaucoup d'eau pour ne pas faire sec; ceci à l'air un peu La Palisse, mais le mot *sec* est employé ici pour indiquer ce qui manque de souplesse, d'*enveloppé*. Pour obtenir des fondus, il faut, du reste, que les passages d'un ton à un autre soient faits en pleine humidité du papier; au début, vous aurez des traces, des marbrures, provenant de votre inhabileté à appliquer les teintes les unes par-dessus les autres, mais vite vous vous y ferez. Il est même bon que ce léger accident se produise dans vos premières études, cela vous apprendra à les éviter dans les autres.

Les feuilles du rosier sont assez variées de ton; les jeunes pousses étant d'un vert tendre, c'est le jaune de chrome et le bleu de Prusse qu'il faudra employer. Les parties très en lumière seront composées de bleu de Prusse et de jaune indien, ou de jaune indien et de vert véronèse. La terre de Sienne donnera par place le roussâtre de certaines feuilles, et le carmin réchauffera, au degré voulu, certaines autres. Cette couleur entrera par endroits dans les tiges épineuses d'une certaine vigueur.

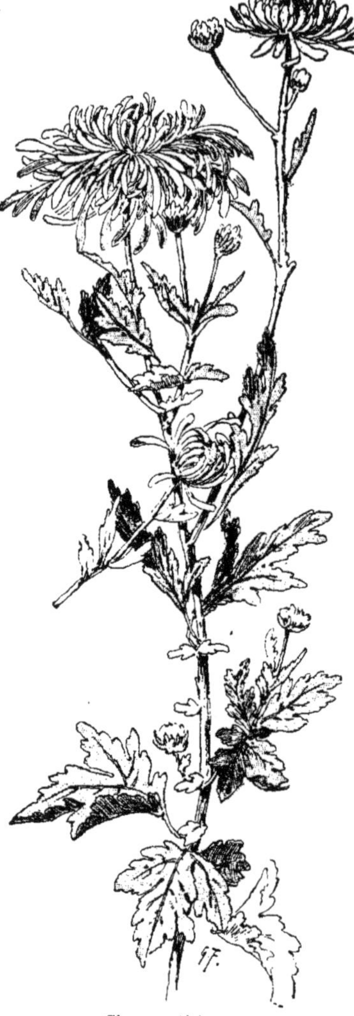
Chrysanthème.

L'iris. — Il en est de jaunes (l'iris d'eau) et de violets. Pour le premier, le ton local vous indique assez que c'est la gamme des jaunes qu'il faut faire vibrer, soit purs, soit en les mélangeant les uns aux autres ; les parties très claires seront obtenues par le chrome (faire attention à la lourdeur, car le chrome est une couleur opaque), soit à l'état naturel, soit coupé avec du jaune indien ou de l'ocre. Quelquefois, pour réchauffer les dessous, on donnera des reflets avec la terre de Sienne; un peu de bleu à la partie rapprochée du pédoncule, partie qui tire sur le vert.

Pour l'iris des jardins, le carmin et le cobalt (un peu d'outremer parfois), et vous aurez les violets superbes des pétales de cette fleur, violets plus violents vers les bords et allant en s'atténuant vers le bas, pour laisser dans le centre du pétale une traînée d'un jaune brillant (que le jaune indien vous rendra). L'iris des jardins, suivant son espèce et la phase de sa floraison, est parfois d'un violet

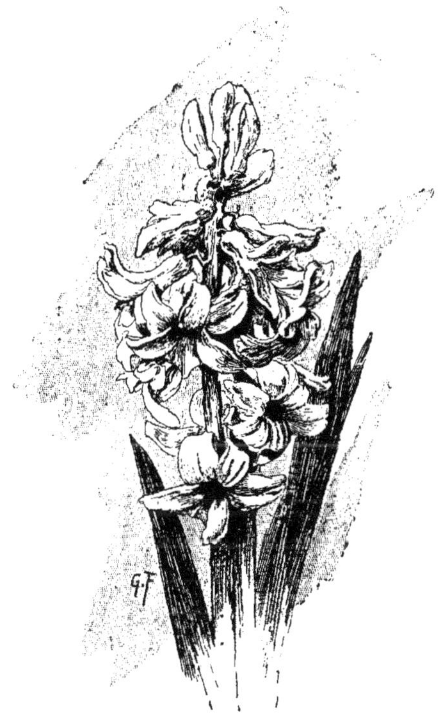

Jacinthe.

bleuté, parfois rougeâtre... A vous à pousser au bleu ou au rouge pour rendre les tons du modèle.

Les *lilas*, les *violettes*, les *pensées*, certains *gobéas*, etc., ont les mêmes combinaisons de tons, à peu près, que l'iris des jardins.

Les renoncules, les jonquilles, etc., etc., ont, comme l'iris d'eau, le jaune comme couleur fondamentale; il faudra donc employer les jaune indien, jaune de chrome, ocre, etc., purs ou atténués de bleus ou de rouges, pour les pousser vers le verdâtre ou l'orangé.

Les tulipes. — Ici, tous les tons vifs, criards même, aussi tous les tons foncés se sont donnés rendez-vous : quelquefois pour laisser la fleur monochrome, rouge, jaune ou violette, d'autres fois, pour la strier en plus clair ou en plus foncé; stries d'un seul ton par endroits, de plusieurs à d'autres; l'interprétation demande une habileté d'exécution assez grande et un coup d'œil juste, puis un raisonnement de la couleur, indispensable pour ne pas gâcher son travail : certaines parties, en effet, seront réservées, le ton qui devra y prendre place devant se modifier s'il a un dessous; à d'autres endroits, vous pourrez mettre à plat votre teinte de fond, le strié que vous appliquerez par-dessus n'en éprouvera aucune altération, souvent même il n'en ressortira que davantage.

Des exemples feront mieux comprendre : Admettez une tulipe jaune, rayée ou piquetée de rouge; votre rouge (à moins d'être terne, ce qui est rare) pourra parfaitement se mettre par-dessus le ton jaune du fond, celui-ci ne fera que le réchauffer, effet produit, du reste, sur la fleur elle-même.

Si, au lieu de rouge, les taches étaient d'un violet pur, vous seriez forcé de les réserver, car le jaune les salirait, les rendrait grises.

Ces mêmes stries en bleu devraient être réservées aussi, sous peine d'avoir un vert.

Très jolies à étudier comme coloris, les tulipes;

si, outre le ton varié, vous cherchez un dessin capricieux, procurez-vous cette race de tulipe à l'air échevelé, rageur, qu'on nomme *tulipes-perroquets* : très grandes, très découpées, les pétales capricieusement déchirés, elles sont su-

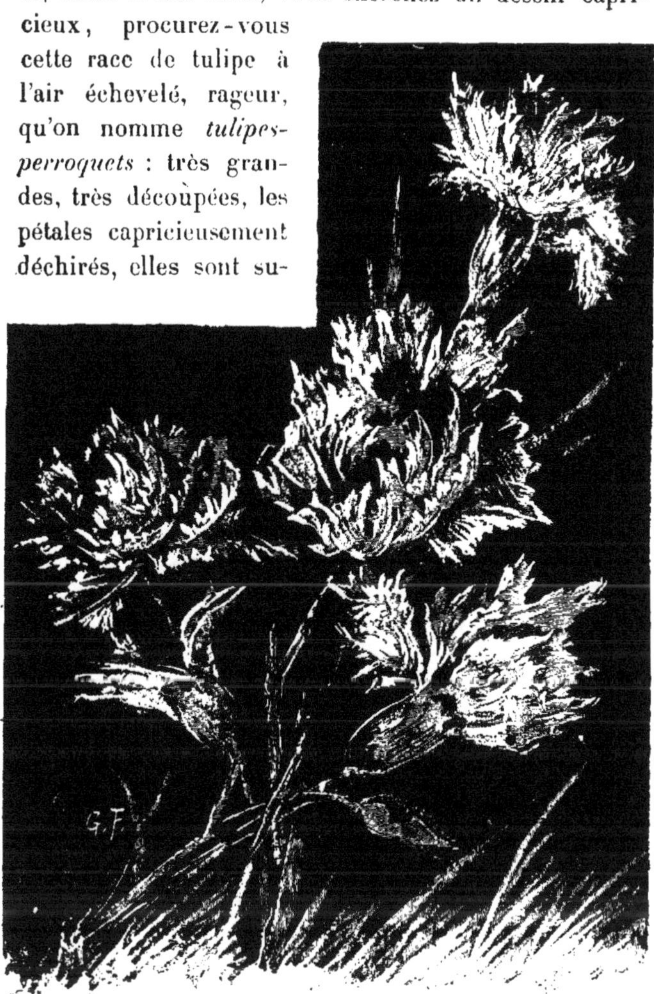

Œillets.

perbes, soit vues de côté, légèrement penchées, soit lorsqu'un peu fatiguées déjà de leur floraison, elles se laissent retomber pour former une étoile déchiquetée à cinq ailes, piquetée au milieu de pistils, variant de formes et de tons suivant la couleur de la fleur et entourés eux-mêmes, à la base, de stries plus foncées. J'ignore si cette variété de merveilleuses tulipes existe depuis longtemps; pour ma part, j'ai fait tout der-

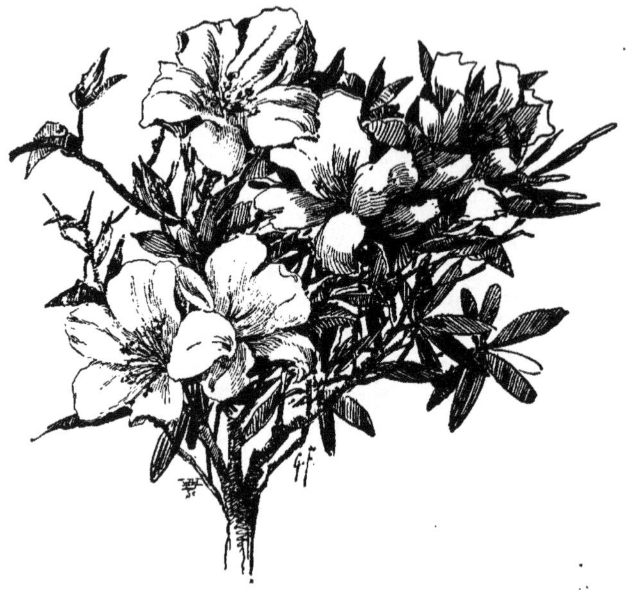

Azalée.

nièrement sa connaissance et j'ai été frappé de son caractère décoratif... Vous êtes, je n'en doute pas, du même avis, si vous l'avez vue; sinon, tâchez de vous en procurer et faites-en bien vite quelques études serrées.

Œillets, *pavots*, etc. — Encore des fleurs dont les variétés sont innombrables : les rouges, les violets, les jaunes, les blancs, unis ou panachés, striés, mouchetés, il en existe de tous les tons. Il y a même l'horrible

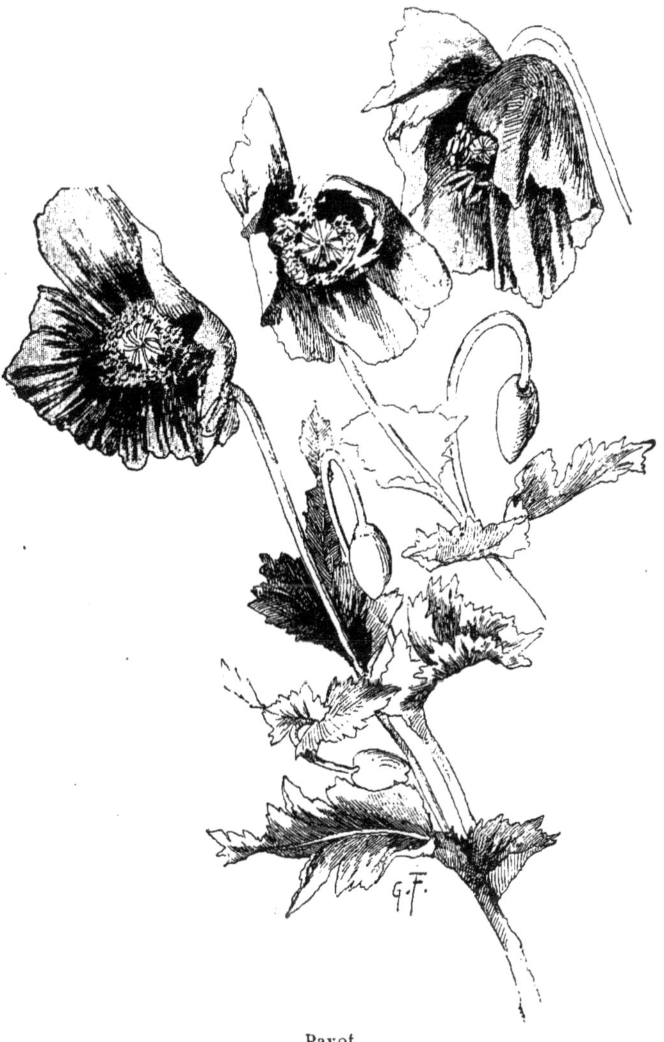

Pavot.

œillet vert ! une récente invention qui consiste à dénaturer le charmant œillet blanc en le plongeant dans un bain d'oxyde de cuivre pour lui donner cet aspect cadavérique si désagréable à voir! (Et à peindre, donc!)

Difficiles à dessiner, l'œillet et le pavot double avec tous leurs petits pétales frisés, ondulés, s'entre-croisant, s'enchevêtrant, se dressant à droite, retombant à gauche, si jolis à étudier et de contours et de tons! Nous citons ces fleurs ensemble, parce que, tout en étant (à ce qu'en disent les botanistes) de familles différentes, elles présentent pour le peintre une certaine corrélation de couleurs (non de formes, bien entendu). Dans les fleurs de l'une et l'autre espèce vous rencontrez, en effet, tous les caprices de dessin, tous les tachetés de couleur; la feuille de l'un est un peu de la même tonalité bleue que celle de l'autre; la forme varie absolument, par exemple, le feuillage de l'œillet est tout pointu, en forme de bistouri, alors que celui du pavot est d'un capricieux exquis et les attaches avec les tiges très singulières; étudiez-le bien consciencieusement ce feuillage, vous avez là de superbes modèles; m'est avis que, lorsqu'on sait bien dessiner une tige de pavot et bien en rendre les couleurs, on peut s'attaquer à toutes les fleurs de la création. Les tons dont il faut se servir? Dame, c'est difficile à préciser, nous pourrions presque répondre: tous! pour les fleurs, bien entendu! Quant au feuillage bleuté, c'est, pour les parties dans l'ombre, l'outremer et le cobalt qui seront les bases; on les verdira suivant leur intensité et leur qualité (variant suivant l'éclairage) par du vert olive, du vert émeraude; les feuilles vues en transparence sont d'un vert jaune violent que le jaune indien marie au vert Véronèse vous donneront fort justement; les jeunes pousses de feuilles d'un vert tendre auront la même combinaison dans les parties les plus claires, mais demanderont une pointe de bleu de Prusse dans les autres.

Le chrysanthème. — Ravissante fleur que les Japonais, du pays desquels elle est originaire, du reste, ont tant employée et avec si grand succès dans leurs compositions. Outre leurs formes, qui sont ravissantes, et leur inflorescence, gracieuse au possible, elles présentent aussi une infinie variété de tons, mais toujours

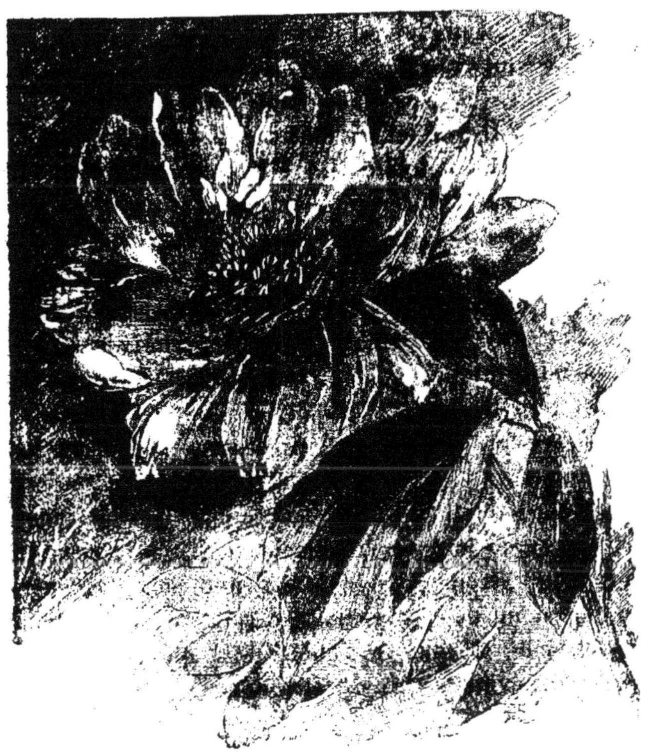

Pivoine.

plus doux, plus atténués, que dans les exemples cités plus haut. Les tulipes, les œillets, les pavots, etc., sont, en effet, brillants au possible, ils étalent au soleil leurs notes vibrantes, ils sont triomphants : les jaunes, les rouges, les carmins en sont parfois presque crus. Le chrysanthème, lui, est plus discret, plus modeste : il garde des tons moins accusés, ses notes sont jouées en sourdine. Est-ce parce que, fleurissant en hiver, il est plus triste ? Il n'en est, en tous cas, pas moins ravissant à voir, ni moins intéressant à peindre. Les couleurs dont on se servira seront atténuées par des gris, des tons neutres. Les rouges seront salis par une pointe de bistre, parfois de noir ; les violets aussi ; certaines variétés d'un ton violet très profond contiendront force outremer, un peu de laque et même parfois du bistre, en quantité minime, ou de la terre de Sienne ; seules les variétés en tons clairs, jaunes, chairs, etc., ne seront point grisées, sinon dans les dessous et les parties d'ombre.

Le chrysanthème jaunâtre aura pour base le jaune de Naples ou le chrome, suivant sa vigueur ; ceux en ton chair seront combinés par une pointe de vermillon et un peu d'ocre jaune ; ajoutez-y un tantinet de chrome, si vous le voulez plus verdâtre, ou de terre de Sienne brûlée si votre modèle est plus chaud de ton.

Cette dernière couleur vous servira, très allongée d'eau, pour certaines espèces dont c'est presque la couleur locale ; de même l'ocre, qui donne son ton pur à certaines autres ; voilà pour les couleurs ; quant au dessin il est très varié aussi, si l'on veut bien voir la fleur sous toutes ses faces et surtout considérer toutes les espèces ; les unes aux pétales petits, pointus, courts

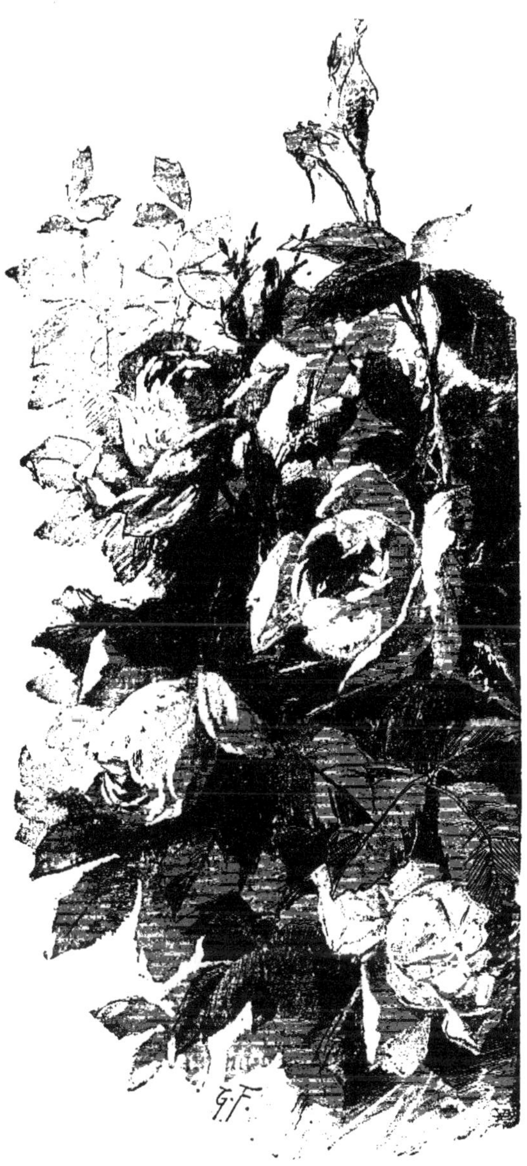

Roses.

et très serrés : d'autres arrondis, plus espacés ; enfin le chrysanthème chevelu, bien appelé, car il lance ses pétales en tous sens et les laisse retomber négligemment, les gardant longs comme un romantique ses cheveux !

Le feuillage du chrysanthème est foncé, les tiges en sont carminées par endroits ou brunâtres en d'autres ; ce sera donc le carmin et la terre de Sienne (dans les lumières), le bistre (dans les parties foncées), qui vous serviront ici. La plupart des feuillages sont dans les gammes vertes dont vous connaissez, je pense, la composition et aussi les correctifs qui les rendront plus foncés, plus roux, plus gris (1) ou rougeâtres (comme souvent dans la vigne).

Nous avons dit aussi que le feuillage automnal avait l'ocre, la terre de Sienne et le bistre pour éléments principaux (2) ; nous n'y reviendrons plus et nous terminerons par la désignation de quelques plantes qui nous semblent prêter tout particulièrement à la décoration ; à vrai dire, elles y prêtent toutes, mais nous ne résistons pas au désir d'en signaler quelques-unes.

La *rose trémière*, très ornementale avec ses fleurs collées tout au haut de la hampe, celle-ci garnie au-dessous de feuilles intéressantes d'attache et jolies de forme ; il existe des roses trémières de toutes les couleurs : il en est de toutes blanches et de presque noires ; on va des unes aux autres en passant par tous leurs intermédiaires ; si vous voulez en juger, allez dans le jardin du Luxembourg en face des bâtiments du Sénat ; vous en verrez là une innombrable collection.

(1) *L'Art de peindre les Paysages.*
(2) *Ibid.*

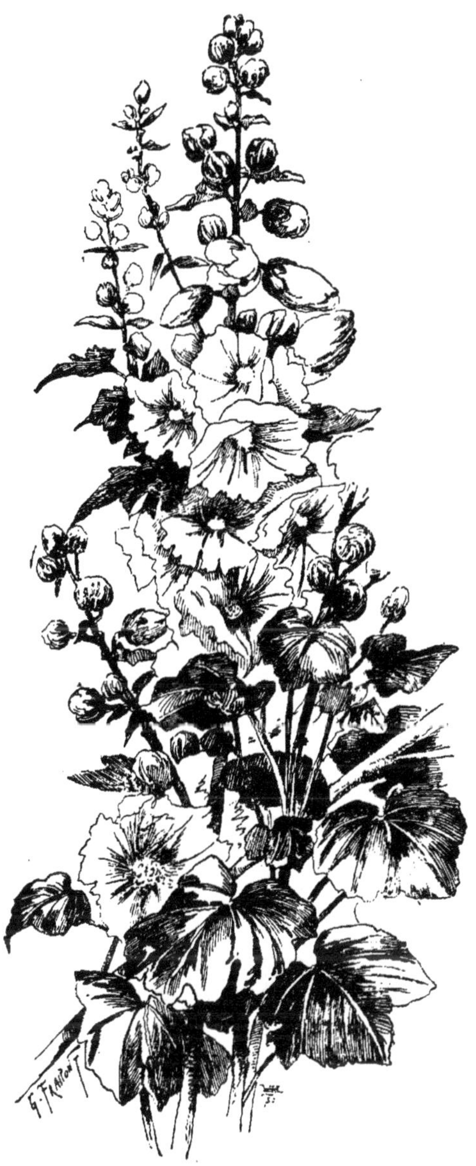

Rose trémière.

La *pivoine* qui se plaît à rester dans les tons blancs, roses et rouges.

L'*azalée* qui se les offre coquettement tous.

La *jacinthe*, qui fait comme l'azalée, puis la *capucine* aux tons chauds (se jouant avec les vermillons, carmin et terre de Sienne mélangés aux jaunes), l'*héliotrope* au violet sombre, le *dahlia simple*, si varié de tons (éviter le *dahlia double*, il est trop bête de forme et ses frisures au petit fer n'ont rien d'amusant à rendre) — mille autres encore ! Nous en avons assez, n'est-ce pas, pour remplir quelques albums ou user pas mal de feuilles de Wahtman? Mais, nous ne saurions assez le répéter, allez patiemment et commencez par des fleurs aux couleurs bien franches, bien nettes ; vous continuerez par d'autres de tons plus indécis, puis vous passerez aux panachées, mouchetées, aux plus extraordinaires enfin ! Toutes les plantes citées jusqu'ici appartiennent à nos jardins, mais, quand vous irez aux champs, ne négligez pas les coquelicots (votre vermillon vous servira, n'en doutez pas !), les bluets (cobalt légèrement carminé, outremer pour certaines espèces), la renoncule (chrome et jaune indien), le pied d'alouette (bleu et rouge). Vous savez ce que je pense de la ronce et du chardon (1) ; pour flatter ma manie vous ne manquerez certainement pas d'en ébaucher quelques-uns dans vos albums ; quand vous aurez quelque beau premier plan à faire, vous verrez comme l'un et l'autre feront bonne figure !

Dans les endroits rocheux (on en trouve à profusion aux Vaux de Cernay), vous pourrez à loisir étudier le genêt et la bruyère dont vous rendrez facilement les tons si vous voulez bien consulter votre jaune indien

(1) *L'Art de prendre un Croquis.*

et votre chrome pour l'un ; votre carmin et votre outremer pour l'autre.

Arrêtons là notre nomenclature, trop longue déjà ; après tout, vous avez certainement autant (sinon plus) de goût que nous et vous eussiez très bien, sans nous, trouvé les fleurs convenant le mieux à vos pinceaux...., et puis, il faut être éclectique (quand il s'agit de fleurs c'est facile), nous eussions donc peut-être mieux fait de vous dire : Peignez-les toutes!... vous en aurez pour quelque temps, par exemple!

CHAPITRE VIII

DE LA COMPOSITION

Ceci devient plus difficile pour certains, presque facile pour d'autres ; les uns auront à chercher beaucoup pour combiner des tons et des contours se faisant bien valoir les uns les autres ; d'autres les trouveront par *intuition*. Pour les premiers, ce sera une affaire d'*étude, de raisonnement* ; pour d'autres tout simplement une affaire de *goût*. Nous l'avons dit en commençant : nous avons essayé d'écrire cette petite étude sur la fleur, plus pour les lectrices que pour les lecteurs ; or, toutes seront dans le second cas et sauront avec goût piquer des fleurs dans un bouquet ou les grouper dans un vase, mais néanmoins, si elles veulent bien le permettre, nous leur donnerons quelques indications qui ne leur seront peut-être pas inutiles, lorsqu'elles arrangeront un ensemble pour le peindre.

S'il s'agit d'un bouquet de fleurs pareilles, grappes de

lilas, touffes de violettes ou bouquets de roses, il faudra s'inquiéter de la forme d'ensemble d'abord, de la silhouette et du fond sur lequel se détachera le sujet ensuite, puis enfin chercher un éclairage faisant bien valoir et les couleurs et les formes. Nous disons plus loin quelques mots des *complémentaires*; il sera toujours bon de se les rappeler. Un bouquet de violettes fera évidemment bien sur fond jaune ou sur fond d'or; nous rentrons là dans la complémentaire; mais il fera aussi très bien sur fond d'un violet plus clair; en échange, il sera peu agréable à voir se détachant sur du rouge!

Raisonnez toujours l'arrangement de vos nuances et réservez, bien en vue, la partie que vous voulez faire valoir, celle pour laquelle vous peignez votre sujet; que tout le reste soit sacrifié et ne serve que d'accompagnement, de *repoussoir* à votre motif principal; habituez-vous bien à l'idée qu'un ton garde sa valeur, augmente ou diminue d'intensité, suivant celui auprès duquel il est placé.

Les *complémentaires* neutralisent les couleurs *binaires* auxquelles on les mélange : les complémentaires sont du *vert* : le *rouge;* du *jaune-orange :* le *bleu;* du *violet :* le *jaune*.

Mariez chacune de ces couleurs avec sa complémentaire, vous aurez des gris; soit la négation de la couleur!

Ceci est utile à retenir, car, dans l'exécution d'une œuvre, lorsque vous voudrez atténuer un ton trop violent, vous aurez recours à sa complémentaire. Voilà pour le mélange; prise séparément la complémentaire fera toujours, par contraste, valoir l'autre. Ce qui équivaut presque à dire de ne jamais négliger de mettre les deux dans une œuvre.

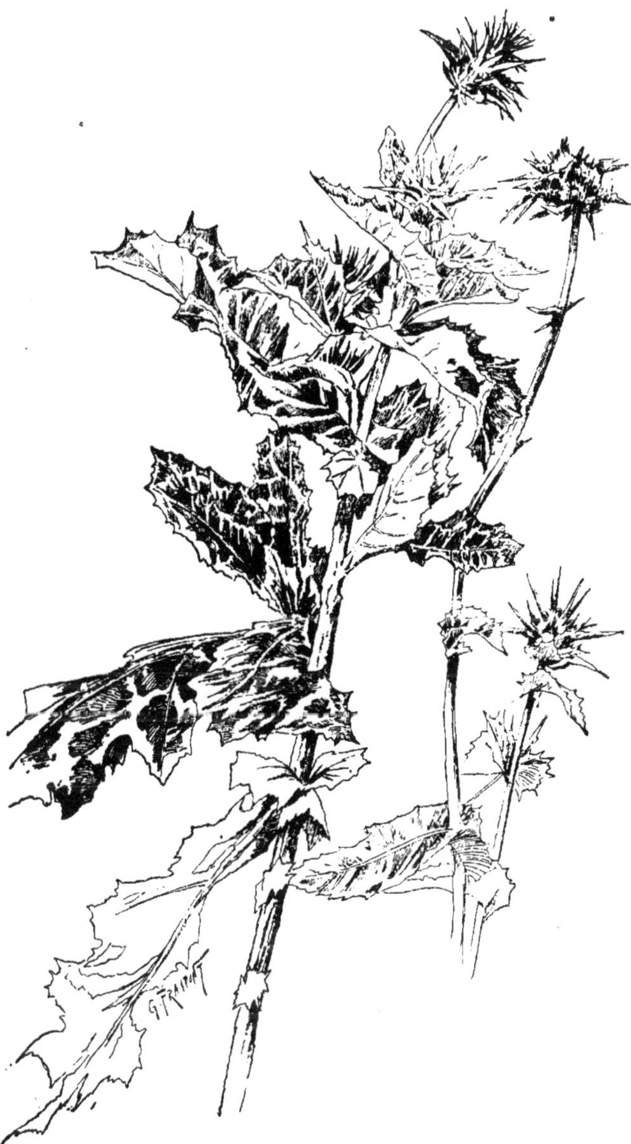

Chardon romain

Quelques indications (1) au sujet des altérations produites sur les couleurs par leurs avoisinantes; il

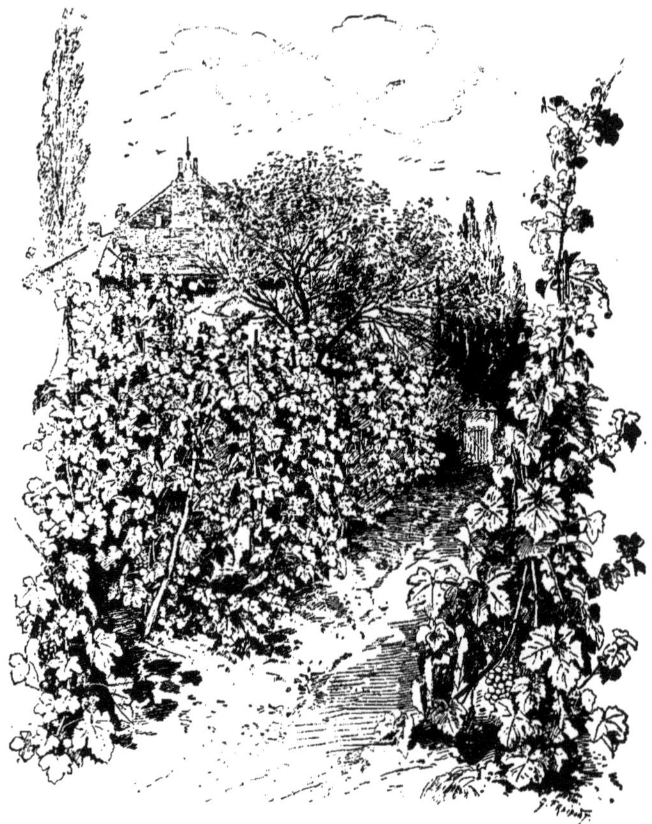

Vignes.

nous est impossible de les citer toutes, mais celles-ci serviront d'exemple :

(1) Nous en avons donné déjà dans l'*Art de peindre les Marines*.

Rouge contre *jaune* devient plus violent, le jaune paraît verdâtre;

Rouge contre *violet* paraît plus jaune, le violet plus terne;

Rouge contre *vert* (sa complémentaire) se font mutuellement valoir;

Bleu contre *jaune*, tire sur le violet, le jaune sur le rougeâtre;

Bleu contre *violet*, paraît verdâtre, le violet rougit;

Bleu contre *vert*, prend un ton violacé, le vert devien plus terne, plus jaune;

Vert contre *jaune* paraît bleuté, le jaune paraît plus rouge;

Vert contre *violet* paraît jaunâtre, le violet pousse au rouge, etc., etc.

On peut facilement, par soi-même, faire des épreuves comparatives de tons divers opposés à d'autres; on verra aisément ceux qui font valoir leurs voisins ou ceux qui leur nuisent.

Peignez une fleur d'une couleur quelconque, bleue, jaune ou rouge, détachez-la d'abord sur un fond vert, puis bleu, puis violet, etc., vous vous rendrez compte des changements de tonalité, souvent énormes, qu'éprouvera votre fleur suivant la nuance qui l'accompagnera.

Il est donc urgent de se préoccuper des tons avoisinants lorsqu'on cherche une composition.

La composition, bien qu'ayant certaines règles, est surtout affaire de goût; si vous possédez quelque peu le sentiment décoratif, vous jugerez bien vite si vos fleurs sont bien ou mal groupées. Il faudra faire valoir celle dont la forme est la plus *amusante*, dissimuler celles moins agréables de contours, enfin poser, de profil ou de dos, celles qui, vues ainsi, donneront des silhouettes plus séduisantes que si elles se présen-

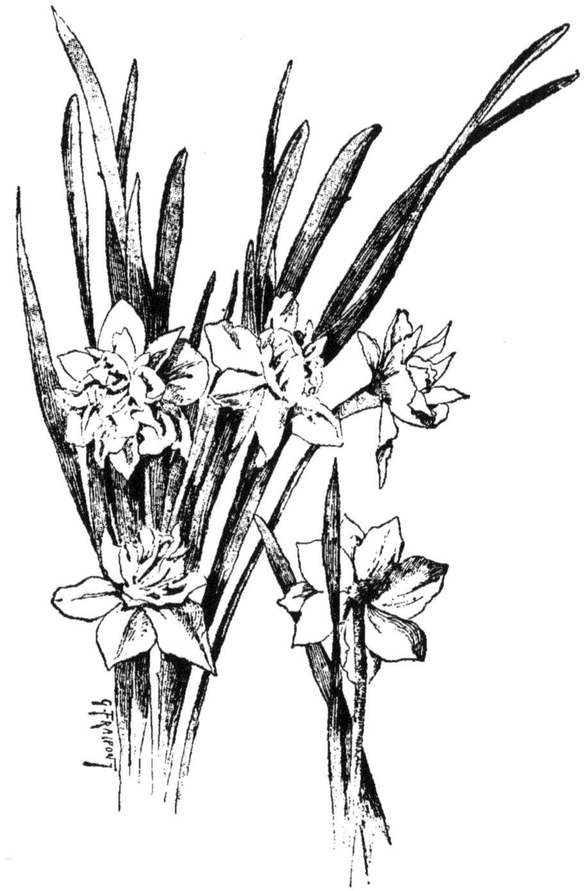

Narcisse.

taient de face. Il faut souvent très peu de chose en plus (ou en moins) pour qu'une composition, de médiocre qu'elle était, devienne bonne; quelques sacrifices par-ci, quelques lumières par-là, suffiront parfois à *recaler* une œuvre.

Le *très bien* réside en un je ne sais quoi qu'il s'agit de trouver, que je vous souhaite, de tout cœur, de trouver *toujours!*

CHAPITRE IX

LA FLEUR AU POINT DE VUE DÉCORATIF

La plante, qu'elle soit fleurie ou porte des fruits, qu'elle soit en bourgeons ou garnie de feuillage, est toujours

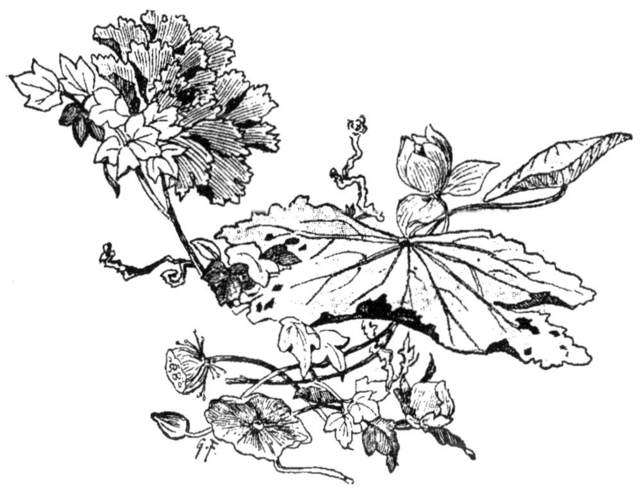

Nénuphar japonais.

décorative; jetez au hasard sur une feuille de papier ou sur un morceau d'étoffe une branche quelconque, si elle est bien dessinée et bien peinte, vous aurez un ravissant motif d'ornementation, seule elle suffit; adjoignez-lui des insectes, des papillons ou combinez-la avec de la figure ou du paysage, toujours elle fera bien.

S'agit-il de motifs de décoration plus sévères, d'encadrements, etc.? En prenant les formes de la fleur ou de

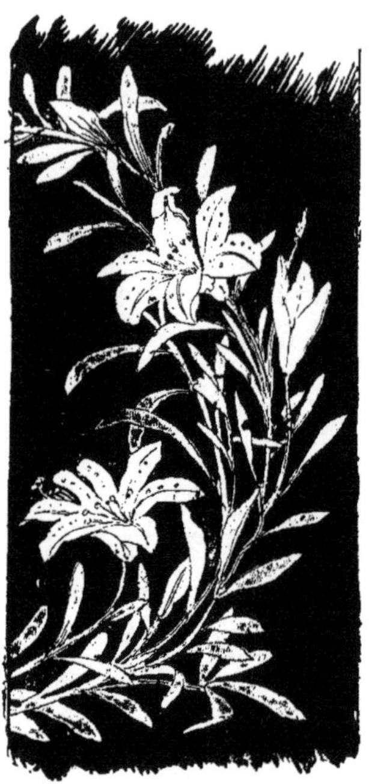

Lis décoratif.

la feuille, en les arrangeant et les interprétant de façon ornementale, en régularisant leurs formes, en leur donnant parfois un ensemble presque symétrique, on arrivera à des effets charmants et de contours et même de couleurs, si, pour les besoins de la cause, on atténue les tons réels ou même qu'on les change pour donner à la composition le caractère de l'œuvre à laquelle elle est destinée. La fleur, le feuillage, les fruits, se prêteront aussi bien à l'illustration d'un missel qu'à celle d'un roman; le tout sera dans le choix que vous en ferez, dans la tonalité que vous leur donnerez et dans la façon dont vous combinerez votre dessin.

Ajoutez à cela que la flore prête on ne peut mieux à

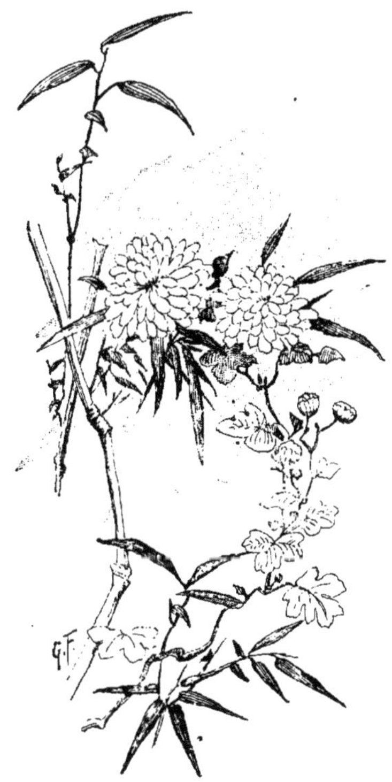

Fleur décorative japonaise.

l'allégorie; il est peu de plantes qui n'aient leur signification. Le langage des fleurs est un langage comme un autre, plus gracieux voilà tout, mais qu'il s'agit de comprendre; rassurez-vous, c'est moins long et beaucoup plus amusant que le grec ou le sanscrit et les règles en sont plus simples. Du reste, vous le connaissez très certainement mieux que moi, ce langage-là : quand je vous aurai dit que le lierre représente la fidélité, le

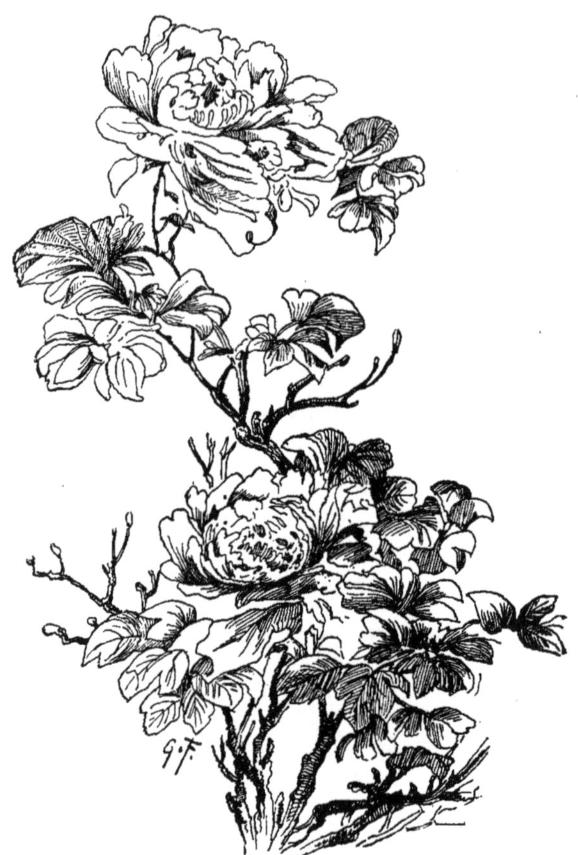

Pivoine décorative.

chêne la force, le laurier la gloire; que rose veut dire orgueil, beauté ou majesté; que narcisse signifie fatuité et violette le contraire; quand je vous en aurai cité encore et encore, je ne vous aurai rien appris que vous ne sachiez déjà et je devrais, bien plutôt, vous deman-

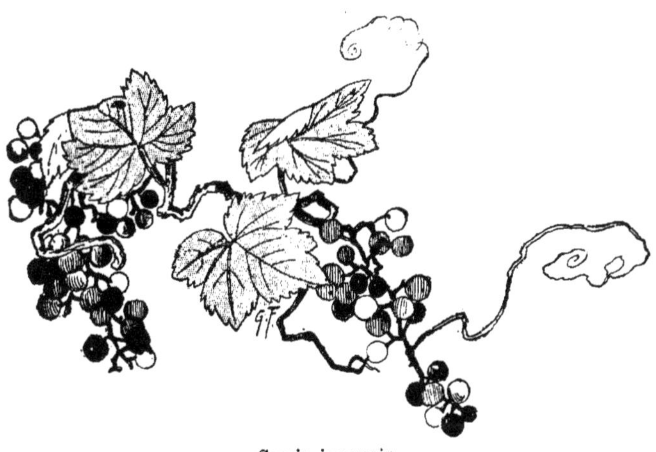

Cassis japonais.

der des renseignements à cet égard, que d'avoir la prétention de vous en donner.

CHAPITRE X

DES FRUITS

Nous nous réservons d'en parler un peu longuement dans un prochain volume dans le cadre duquel il nous paraît devoir tenir plutôt sa place (1).

Une branche chargée de fruits est décorative, amusante à peindre, tout autant qu'un rameau couvert de

(1) *L'Art de peindre les Natures mortes.*

fleurs; les couleurs, très intéressantes à étudier; vous en savez assez, à présent, pour que je n'aie point à vous dire dans quels tons il vous faudra chercher pour obtenir le violacé de la prune (dont le velouté mat, comme celui du raisin, est presque du cobalt pur), les tons

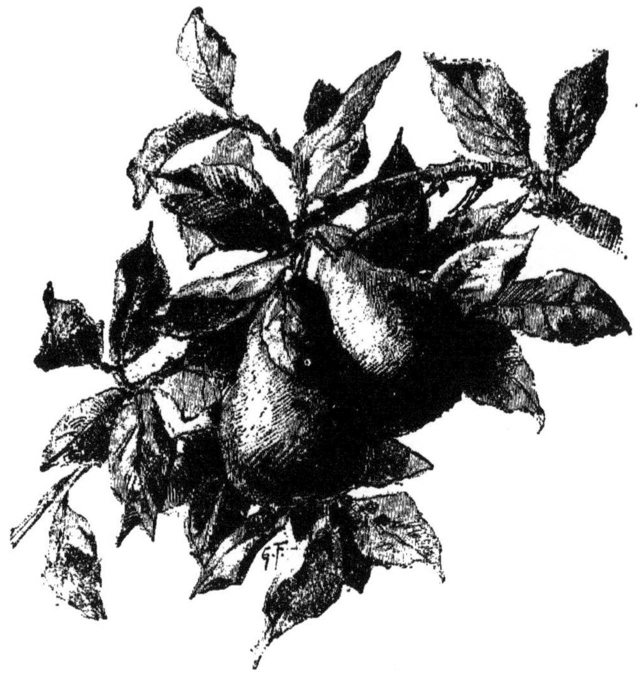

Poires.

jaunâtres, verdâtres et rouges de la pomme et la couleur orangée de l'abricot; je n'ai plus à vous recommander la justesse du dessin, vous en aurez apprécié toute l'importance.

En commençant, nous avons, tout timidement, parlé du potiron, du chou, etc., etc. Il nous est difficile de dire quand il faut les employer; nous serons plus à

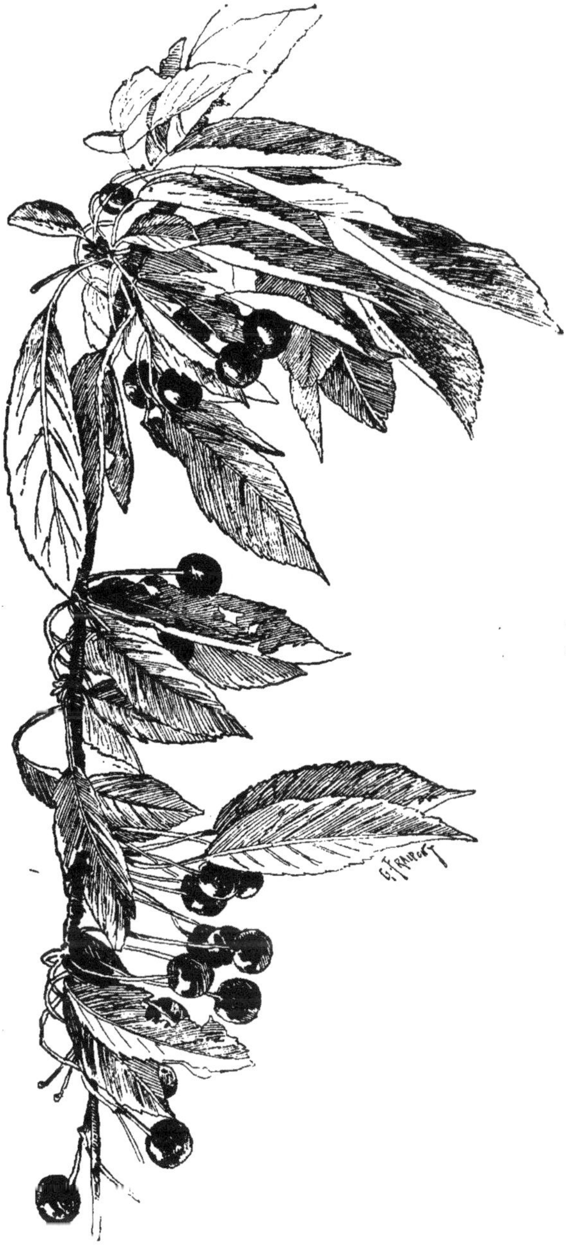

Cerises.

l'aise pour donner quelques détails à leur sujet dans le volume où nous avons déjà relégué les fruits ; mais il nous a néanmoins paru bon de les citer dans celui-ci, ne fût-ce que pour donner envie d'en essayer.

CONCLUSION

POUR LES « LECTRICES » UNIQUEMENT

En cherchant à donner quelques notions sur l'art de peindre la fleur, et quelques détails sur les organes qui la composent, notre but a été, non de vous la faire aimer (pour cela vous n'aviez pas besoin de nous), mais de vous la faire considérer à un point de vue autre, peut-être, que celui qui vous la faisait rechercher jusqu'ici, et à lui donner à vos yeux un agrément de plus.

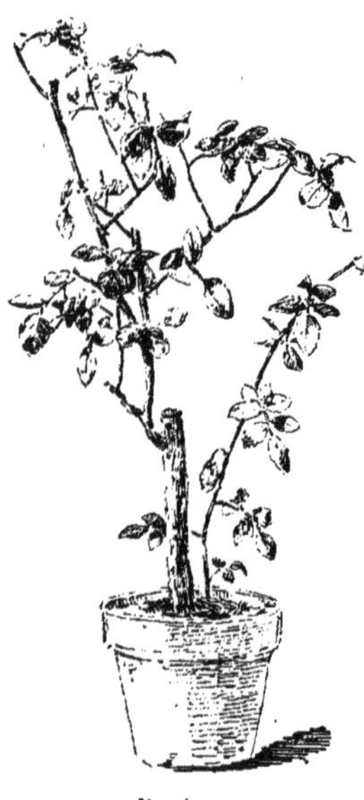

Rosier.

Vous ne vous lassez point, n'est-ce pas, de regarder une jolie fleur au feuillage coquet? Je suis certain que, lorsque vous aurez essayé de dessiner et peindre l'une et l'autre, vous ne vous lasserez pas davantage ; ce sera pour vous une occupation, non seulement charmante, mais utile aussi dans bien des cas : brodez-vous, faites-vous de la tapisserie, du crochet? La fleur vous offrira quantité de motifs que vous aurez d'autant plus de plaisir à reproduire, à l'aiguille ou au triboulet, avec de la laine ou avec de la soie, que ces motifs vous les aurez combinés vous-même; combien alors le mignon travail que vous entreprendrez aura pour vous plus d'attraits!

Copier des compositions faites par d'autres est peut-être fort récréatif, mais combien sera plus intéressant de reproduire des sujets dont vous serez l'auteur!

Quand vous aurez dessiné de la fleur, quand vous en aurez peint, lorsque vos albums regorgeront d'études et de croquis, il vous sera bien facile d'employer ceux-ci et d'appliquer votre talent à une foule de choses que vous saurez, étant donné votre bon goût naturel, rendre aussi coquettes de formes que séduisantes de couleurs; aussi élégantes qu'originales.

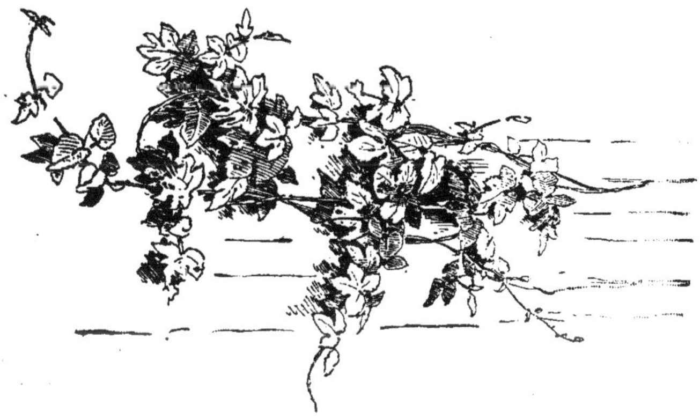

Houblon sauvage.

TABLE DES MATIÈRES

INTRODUCTION 1

CHAPITRE Ier. — Un peu de botanique 7

§ 1er. — La racine 8
§ 2. — La tige 9
§ 3. — La feuille 11
§ 4. — La fleur 15
§ 5. — Le fruit 22

— II. — La fleur à l'aquarelle 24
— III. — De l'outillage 28
— IV. — Des couleurs 30
— V. — Installation chez soi 37
— VI. — Croquis peint 40
— VII. — Au sujet de quelques fleurs 44
— VIII. — De la composition 61
— IX. — La fleur au point de vue décoratif 67
— X. — Des fruits 71

CONCLUSION pour les « lectrices » uniquement 74

2557-21. — CORBEIL. Imprimerie CRÉTÉ.

www.ingramcontent.com/pod-product-compliance
Ingram Content Group UK Ltd.
Pitfield, Milton Keynes, MK11 3LW, UK
UKHW020349180726
13839UKWH00002B/1000

9 782329 566542